HUNDEERZIEHUNG....
....TIERISCH GUT!

John Rogerson

Illustrationen: M^cLACHLAN

KYNOS VERLAG - MÜRLENBACH

Impressum:
Originalausgabe. Training your best friend.
Copyright © John Rogerson
Erstausgabe Stanley Paul & Co. Ltd., London

Übersetzung: D. und H. Fleig

© KYNOS VERLAG Dr. Dieter Fleig GmbH
Am Remelsbach 30, D-54570 Mürlenbach/Eifel
Telefon: 0 65 94/6 53 – Telefax: 0 65 94/4 52

www.kynos-verlag.de

ISBN: 3-929545-10-1

Herstellung: Dr. Cantz'sche Druckerei, 73760 Ostfildern

INHALTSVERZEICHNIS

KAPITEL 1

WEGE DER KOMMUNIKATION

Wenn wir ein Ausbildungsprogramm angehen - ganz gleich ob für hochspezialisierte Wettbewerbe oder ganz einfach zur Erziehung eines angenehmen Haushundes - die Grundvoraussetzungen für eine wirksame Verständigung sind immer die gleichen. Hast Du das Glück, einige Menschen mit hervorragender, angeborener Fähigkeit zur Arbeit mit einem Hund (oder irgendeinem anderen Tier) zu beobachten, wirst Du sofort bemerken, daß sie alle eines gemeinsam haben - ein Gefühl für das Tier, mit dem sie arbeiten. Dies beschreibt man manchmal so: Hund und Führer liegen auf der gleichen Wellenlänge, leben miteinander in voller Harmonie. Menschen, die dann in der Hundeausbildung Schwierigkeiten haben, sind fast immer jene, die sich nicht auf die gleiche Wellenlänge einstellen können. Sie sind einfach unfähig, sich mit ihrem Hund zu verständigen.

Viele Generationen zurück waren unsere Vorväter sehr viel mehr von ihren Haustieren abhängig, denn in vielen Fällen hing ihr eigenes Überleben von der Fähigkeit ab, die Tiere zu verstehen, sich mit ihnen zu verständigen. Wir Menschen untereinander haben zur gegenseitigen Verständigung immer neue Methoden entwickelt. Indem Du dieses Buch liest, tust Du etwas, was für jedes lebende Tier völlig unmöglich ist. Beim Schreiben nutze ich Symbole, die Du in Worte überträgst. Die Worte kannst Du wiederum in Bilder verwandeln, nur begrenzt durch eigene Erfahrung und Vorstellungskraft. Das Problem ist natürlich, daß je schwieriger ich meine Worte wähle, die Sätze bilde, um so mehr schränke ich die Anzahl von Menschen ein, die fähig sind, das Buch zu verstehen.

Einem zusätzlichen Problem stehe ich gegenüber, ich schreibe in englischer Sprache. Das bedeutet, daß wenn Du nur japanisch sprichst, es völlig gleichgültig ist, wie einfach ich meine Worte wähle, Du wirst das Niedergeschriebene dennoch nicht verstehen. Viele Menschen opfern Zeit und

Mühe, um mehr als eine Sprache zu lernen, das ermöglicht ihnen, sich mit viel mehr Menschen zu verständigen. Denn es gibt keine Universalsprache - oder doch?

Wenn Du Dir die Illustration auf dieser Seite ansiehst, ist es nahezu gleichgültig, aus welchem Land Du stammst, welche Sprache Du erlernt hast - immer vermagst Du zu »lesen«, was die Bilder sagen. Auch Musik wird häufig als internationale Sprache bezeichnet, weil wir einfach durch Zuhören alle Arten von geistigen Bildern aufzubauen vermögen. Obgleich von Land zu Land die Instrumente recht unterschiedlich sein können, alle Musik hat bestimmte Komponenten, die zwingend mit ihr verbunden sind, die Sprache der Musik enthält Elemente wie Ton, Zeit und Rhythmus, Balance und Harmonie.

Die Art, wie wir unsere Sprache zur gegenseitigen Verständigung einsetzen, unterscheidet sich wesentlich von der Art, wie sich Hunde untereinander verständigen. Wir benutzen viel zu viele Töne, die gleichartig klingen, zu wenige Bilder. Ein Hund dagegen würde viel mehr Bilder und nur eine kleine Tonskala verwenden. Unter dem Wort »Bilder« darf man nicht nur visuelle Eindrücke bei der Verständigung mit Hunden sehen, sondern auch noch die »Geruchsbilder«. Wenn ein Hund schnüffelt, Witterung aufnimmt, vermag er daraus »Bilder« zusammenzusetzen, die Furcht, Futtererwartung, Aufregung, Bilder anderer Hunde und Tiere auslösen.

Um uns mit einem Hund wirksam zu verständigen, ihn zu erziehen, brauchen wir einen Kompromiß. Wir müssen dem Hund ein Grundverständnis unserer gesprochenen Sprache vermitteln, insbesondere müssen wir aber bereit sein, mehr über die Sprache zu lernen, die unsere Hunde verwenden.

ELEMENTE HUNDLICHER KOMMUNIKATION

Klang

Bei der Hundeerziehung bedienen wir uns häufig des Klangs, wir erteilen KOMMANDOS. Ein Kommando sagt dem Hund, welche Handlung von ihm erwartet wird. Es ist wichtig, daß dem für jedes Einzelkommando gewählten Klangbild immer ein gleichmäßiger Ton und Tonumfang gegeben wird, der sich vom Klangbild aller anderen Kommandos genügend unterscheidet. Hierdurch wird die Wahrscheinlichkeit, daß der Hund auf Grund des ähnlichen Tones Kommandos mißversteht, wesentlich verringert.

Handzeichen

Es ist allgemein anerkannt, daß man einen Hund alleine durch Handzeichen perfekt erziehen könnte, daß man keinerlei gesprochene Kommandos braucht. Die einzige Schwierigkeit bei solchen Handsignalen besteht darin, daß sich der Hund immer in einer Position befinden muß, von der aus er das Signal klar erkennt. Es ist eindeutig nicht möglich, einen Hund, während er von Dir wegläuft, durch Handsignale dazu zu bringen, zum Hundebesitzer zurückzukehren!

zwei besten Beispiele hierfür sind: (a) der Führer, der versucht, einen Hund in die Position Platz zu zwingen und feststellt, daß sich der Hund dadurch bedroht fühlt, er zu knurren beginnt, um so fester stehenbleibt; (b) der Hundeführer, der versucht, den Hund zum Stehen zu bringen, indem er ihn um den Körper faßt und hochzieht, ihn gleichzeitig mit der anderen Hand am Fang festhält, was gewöhnlich beim Hund dazu führt, sich in »Demutshaltung« auf den Boden zu legen!

Geruch

Nur wenige Hundebesitzer haben eine Vorstellung, wie fein entwickelt der Geruchssinn ihres Hundes tatsächlich ist. Vergleichen wir unseren eigenen Geruchssinn mit dem eines Durchschnittshundes, erkennen wir schnell, daß der Hund in der Lage ist, einen hundertmal schwächeren Geruch aufzunehmen als der allerwinzigste Geruch, den wir selbst noch wahrnehmen. Bildet man einen in dieser Eigenschaft überdurchschnittlichen Hund aus, ist der Unterschied noch gravierender. Obgleich wir wissen, wie gut der Geruchssinn des Hundes ist, denken wir selten daran, hierauf auch zu

Was nicht immer richtig erkannt wird ist bei der Ausbildung von Hunden die Bedeutung der eigenen Körperhaltung. Dein Hund wird mit Sicherheit Dinge erkennen wie Fußstellung, Handstellung, Kopfhaltung, etc. Man faßt dies als Körperhaltung zusammen. Wenn Du einmal die Illustration auf Seite 9 betrachtest, wirst Du schnell feststellen, daß der Mensch das Wort »hier« benutzen mag, dennoch die beim Hund ankommende Botschaft nicht gegensätzlicher sein könnte.

Berührung

Hunde berühren sich häufig gegenseitig, hierdurch übertragen sie ihre Absichten, übermitteln recht deutliche Botschaften. Wichtig ist dabei, *wo* Hunde sich gegenseitig berühren, *wie* sie sich berühren. Zu Beginn der Hundeausbildung haben die meisten Hundeführer keinerlei Vorstellung, wie sie ihre Hunde berühren sollen; dabei empfinden zahlreiche Hunde die Berührung bestimmter Körperteile entweder als eine Drohung oder sehen darin einen Akt der Beruhigung. Die

achten, um so den Streß des Lebens im 20. Jahrhundert zu verringern.

Mimik

Obgleich dieses Thema bereits teilweise bei der Körpersprache behandelt wurde, habe ich es gesondert erfaßt, um die Wichtigkeit des Gesichtsausdrucks gerade bei der Hundeerziehung zu unterstreichen.

Da unsere Hunde direkte Nachkommen der Wölfe sind, haben sie vom Wolf sehr viel ihres Verhaltens und gegenseitiger Kommunikation unverändert übernommen. Wölfe weisen bei ihrer Kommunikation eine Mannigfaltigkeit in ihrer Mimik auf. Wir Menschen übertreiben oft unsere Mimik, um unsere Absichten klar zu machen. Ein kleines Problem besteht aber darin, daß es zwischen den zwei Sprachen der Mimik oft Mißverständnisse gibt. Ein »Lächeln« mit offenem Mund bedeutet beim Hund »wenn Du nicht aufhörst, bekommst Du Schwierigkeiten!«. In der menschlichen Sprache bedeutet die gleiche Mimik »Hallo, ich bin Dein Freund!«.

GUTE AUSBILDER

Die Ausbilder, die wir als Naturbegabung beschreiben, haben ganz einfach gelernt, sich mit ihren Hunden dadurch zu verständigen, daß sie die soeben beschriebenen Sprachen einsetzen. Ein guter Ausbilder zeichnet sich aus:

a) Durch scharfe Trennung aller Kommandos, sie werden klar und immer im gleichen Tonfall erteilt.

b) Körperhaltung und Handzeichen werden ergänzend eingesetzt, wenn der Hund neue Kommandos lernt.

c) Er weiß genau, wann ein Hund berührt werden darf, um ihn in eine bestimmte Stellung zu bringen, wann man es ihm überlassen muß, sich selbst zu positionieren.

d) Er hat dem Hund beigebracht, vom Menschen berührt und angefaßt zu werden, immer in einer Art, die Vertrauen bildet.

e) Er hat gelernt, seine Mimik einzusetzen, um Freude und Ärger zu übermitteln; er weiß auch verbales und körperliches Loben (Sprache und Berührung) miteinander zu verbinden.

f) Er spricht immer ruhig, alle Bewegungen erfolgen ruhig und bewußt.

g) Während der Ausbildung ist er nie schlecht gelaunt oder frustriert. Jede Äußerung einer dieser Gemütsstimmungen löst bei Hund wie Führer Streß aus, ist dem Lernen abträglich.

h) Bei der Ausbildung wird nie Make-up aufgelegt, da dies leicht die Mimik überbetonen könnte.

i) Er trägt Kleider und Schuhe, welche die natürliche Körperhaltung unterstützen.

j) Er beobachtet, »liest« laufend den Hund, um die nächste Handlung vorauszusehen, um dann entsprechend zu reagieren.

k) Er vermag Kommando, Lob und gelegentliche Korrektur so aufeinander abzustimmen, daß der Hund klar versteht, was genau man von ihm erwartet.

l) Er bemerkt sofort, wenn der Hund verunsichert wird. Er bietet seine Hilfe und Unterstützung an, wann immer es nötig ist.

KAPITEL 2

NOTWENDIGES GRUNDWISSEN

Viele Hundebesitzer sprühen vor Begeisterung, wenn sie mit der Ausbildung beginnen, geht aber etwas schief, erlischt erster Enthusiasmus schnell. Der häufigste Grund ist schlechte Vorbereitung. Um sicherzustellen, daß Deine Ausbildung schnell und leicht vorankommt, müssen wir erst die Beziehung zwischen Dir und dem auszubildenden Hund noch etwas näher unter die Lupe nehmen.

Hunde sind Meutetiere - ganz wie ihr Vorfahre Wolf - und alle Meutetiere brauchen einen Rudelführer. Genau diese Position mußt Du erreichen. Dein Hund sollte zu Dir aufsehen, vor Deiner Autorität Respekt empfinden. Dies bedeutet nicht notwendigerweise, daß Du im ganzen Haushalt die dominanteste Persönlichkeit sein mußt, aber immer solltest Du in der Rangordnung höher angesiedelt sein als Dein Hund. Ich weiß, daß sobald ich von Dominanz über den Hund spreche, dies Vorstellungen erweckt, Du müßtest Deinen Hund dabei anschreien, bedrohen oder in sehr »engen Körperkontakt« mit ihm kommen;. Respekt zu genießen sollte aber keinesfalls bedeuten, daß Dein Hund gezwungen wird, unter einem Diktator zu leben.

Wenn wir uns einmal ansehen, auf welche Art einige Hunde erlernen, über ihre Besitzer sogar dominant zu werden - Hundebesitzer, denen es nicht möglich ist, Respekt zu erzielen - verstehen wir viel besser, wie man über einen bereits dominanten Hund Kontrolle gewinnen kann.

WIE HUNDE DOMINANZ ZEIGEN

Schlafen/Ruhen

Ein dominanter Hund wird jeden anderen von seinem Ruheplatz verscheuchen, wann immer es ihm in den Sinn kommt; aber überhaupt kein anderer Hund kann *ihn* von seinem Lieblingsruheplatz vertreiben.

Fressen

Innerhalb eines Rudels frißt immer der dominante Hund als erster, insbesondere wenn Futter knapp ist. Ein dominanter Hund kann von einem in der Rangordnung niedriger stehenden Hund, der gerade frißt, Futter abverlangen - in dem er ihn einfach nur anstarrt.

Spiel

Dominante Hunde interessieren sich immer vielmehr für Kampfspiele, Verteidigung des Besitzes, bei denen es untereinander viel Ziehen und Zerren gibt. Gerade durch solche Spiele lernen dominante Hunde, daß sie stärker sind als die anderen, weil sie die Spiele kontrollieren. Hierdurch wird ihre Rangordnung angehoben.

Fellpflege

Ein Rudelführer wird oft von ihm ausgewählte Hunde »einladen«, ihn zu putzen und pflegen, dann selbst auch den anderen pflegen und putzen. Nie wird aber ein dominanter Hund einem Unterlegenen gestatten, von sich aus sich anzunähern, ihn zu pflegen, bevor der Dominante den in der Rangordnung tiefer stehenden Hund dazu einlädt. Dominante Hunde diktieren alle Sozialkommunikationen, *sie* beginnen und enden derartige Kontakte.

Führung

Führer sind zum Führen da, deshalb läuft ein dominanter Hund im Rudel vorn, erlaubt keinem anderen Hund, vor ihm zu gehen. Ein dominanter Hund wird immer anderen Hunden gegenüber durch Türen und auf neuem Territorium vorangehen.

Der Führer

WER KONTROLLIERT WEN ?

Wenn Du Deinem Hund gestattest zu fressen, ehe Du selbst ißt, einfach weil er es verlangt, wenn Du ihm erlaubst, von Dir Futter zu verlangen, während Du selbst ißt (einige nennen dies betteln), dann könnte Dein Hund auf die Idee kommen, daß er derjenige ist, der Dich kontrolliert.

Wenn Dein Hund Dich vom Sessel vertreiben kann oder sich über Dich ins Bett legt, während es für Dich schwierig ist, ihn von einer Stelle, auf der er es sich bequem gemacht hat, herunterzubringen, dann wirst Du nahezu mit Gewißheit bei seiner Ausbildung Probleme haben.

Genauso gilt, daß wenn er häufig mit Dir Seilziehen spielt, dabei zum Schluß immer das Spielzeug für sich gewinnt, wenn er es liebt, auf Aufforderung gestreichelt zu werden, aber schwierig und zappelig wird, wenn Du ihm das Fell pflegst, wird sich seine Ausbildung als schwierig erweisen, wird er immer wieder versuchen, gegen Deine Autorität anzukämpfen. Wenn alle diese Voraussetzungen bei Deinem Hund zutreffen, dann ist er es, der die Gemeinschaft beherrscht. Aus diesem Grund wird er auch als erster durch die Türen gehen, neue Wege erkunden, weil er sich selbst als Rudelführer sieht.

ZURÜCKGEWINNEN DER FÜHRUNG

Hast Du Probleme bei der Kontrolle Deines Hundes, kannst Du Führerschaft und Respekt zurückgewinnen, wenn Du bei den Mahlzeiten zuerst ißt, vor ihm, Dich weigerst, ihm irgend etwas von Deiner eigenen Nahrung abzugeben. Außerdem kannst Du alle Spielsachen wegräumen, ausschließlich mit Deinem Hund spielen, wenn *Du* es willst. Am Ende des Spiels legst Du das Spielzeug an einen Ort, zu dem Dein Hund alleine keinen Zugang hat. Auch dies wird Dir mehr Kontrolle über Deinen Hund geben, denn jetzt besitzt Du etwas, was Du als Belohnung einsetzen kannst, wenn er bei der Ausbildung Deinen Befehlen folgt. Auch solltest Du wieder die Kontrolle über den Schlafbereich Deines Hundes übernehmen, keinesfalls darfst Du ihm weiter erlauben, Dich vom Stuhl zu schieben, auf dem Du sitzt. Für besonders dominante Hunde ist es auch durchaus ratsam, ihnen den Zugang zu Deinem Schlafzimmer zu verweigern. Und schließlich solltest Du Deinem Hund als einen Teil des Erziehungsprogramms beibringen, daß er sich immer vor jedem Spaziergang und vor jeder Fütterung gerne putzen läßt. Es kann auch hilfreich sein, wenn Du ab und zu (zwei- oder dreimal wöchentlich) völlig ignorierst, wenn er gerne gestreichelt werden will oder das Spiel anbietet. Die Wichtigkeit der Fellpflege kann

nicht stark genug betont werden, denn es ist unmöglich, einen Hund zu erziehen, der nicht jederzeit gestattet, angefaßt zu werden.

Wenn Dein Hund alle diese Kontrollen widerspruchslos hinnimmt, hat sich sein Respekt vor Dir wesentlich vermehrt, jetzt ist der richtige Zeitpunkt, mit der Ausbildung zu beginnen. Vorausgesetzt ist allerdings, daß er anderen Menschen gegenüber oder in fremder Umgebung freundlich bleibt, keine Nervosität zeigt.

NERVÖSE HUNDE

Einen Hund, der Menschen gegenüber nervös ist, auszubilden, verbessert sein Benehmen nicht, könnte es vielmehr verschlechtern, weil er hierdurch zu stark unter Streß kommt. Steht ein Hund unter Streß, kann er nicht normal reagieren. Er ist unfähig, irgend etwas zu lernen, sein einziges Ziel, sich all dem zu entziehen, was den Streß auslöst. Dies bedeutet, daß bei einem solchen Hund Deine Zeit besser dafür eingesetzt werden sollte, den Hund zunächst zu sozialisieren als ihn auszubilden.

WAS MACHT EINEN HUND MENSCHEN GEGENÜBER NERVÖS?

In aller Regel ist es Mangel an Sozialkontakten während der kritischen Entwicklungsphasen, die im Alter zwischen vier und sechzehn Wochen liegen. Ursache kann aber einfach auch sein, daß auch seine Mutter sich vor Menschen fürchtete, damit ihre Furcht auf ihre Welpen übertragen hat. Denkbar ist auch, daß der junge Hund einem wichtigen seelischen Trauma ausgesetzt war, beispielsweise von jemand mißhandelt wurde, daraus eine spezifische Furcht entwickelt hat. Um solche Ängste zu beseitigen, wird nachstehendes Programm empfohlen. Dies sollte immer vor jeder anderen Grundausbildung abgeschlossen sein.

Zunächst solltest Du alle die Dinge listenmäßig erfassen, an denen Dein Hund wirklich Freude hat. Spazierengehen, sowie Spielen mit seinem Lieblingsspielzeug und Fütterung stehen auf den meisten Listen ganz oben. Jetzt mußt Du noch den Namen aufschreiben, der für Deinen Hund mit den meisten dieser ihn anregenden Aktivitäten verbunden ist. Dann ist es ganz einfach, diese Person zu bitten, sich bei diesen Lieblingsaktiväten stark zurückzuhalten, dafür andere Deinem Hund bekannte Freunde zu bitten, gerade diese Aktivitäten zu übernehmen.

Beispielsweise könntest Du die erste Woche einen Freund, den der Hund kennt, bitten, Dich zu besuchen, bei jeder Mahlzeit den Hund zu füttern. In der zweiten Woche solltest Du die gleiche Person, die die Woche über den Hund gefüttert hat, bitten, ihn auf Spaziergängen zu begleiten. Jetzt kommt ein anderer Freund und füttert den Hund.

Jede Woche mußt Du jetzt versuchen, irgend jemand anderen in all die Aktivitäten, die Du aufgeschrieben hast, einzubinden. Mit wachsendem Selbstvertrauen Deines Hundes kannst Du damit beginnen, ein oder zwei Menschen, die Dein Hund nicht so gut kennt, in das Programm mit einzubeziehen . Richtig geplant sollte Dein Hund bald eine positive Verbindung zwischen dem Menschen und für ihn angenehmen Dingen aufbauen, und seine Furcht, die er zuvor hatte, immer mehr abbauen. Hat Dein Hund gegenüber anderen Menschen erst einmal das notwendige Selbstvertrauen, kannst Du mit der Erziehung beginnen.

HUNDE, DIE SICH VON ANDEREN HUNDEN LEICHT ABLENKEN LASSEN

Es ist eine schwierige und frustrierende Angelegenheit, einen Hund zu erziehen, der durch die Anwesenheit anderer Hunde immer abgelenkt ist. Betrachten wir uns die hauptsächlichen Gründe, warum ein Hund an anderen Hunden mehr Interesse zeigt als an seinem Besitzer, werden wir die Logik erkennen, die hinter meinen Ratschlägen steht, die Beziehung zwischen Hund und Besitzer zu verbessern.

Erinnere Dich daran, Hunde sprechen untereinander die gleiche Sprache. Es ist daher leicht verständlich, daß sie untereinander viel lieber Informationen austauschen als zu versuchen, mit ihren doch so offensichtlich tauben Besitzern zu kommunizieren. Stell Dir einmal vor, Du wanderst in ein anderes Land aus, wo Du die Sprache nicht verstehst, wo niemand sie Dir beibringt. Dann kannst Du erst verstehen, wie herrlich es ist, jemand aus seinem eigenen Heimatland zu begegnen, der dieselbe Sprache spricht.

Wird ein Hund von anderen Hunden auffällig abgelenkt, gibt es mehrere Wege: (a) dem Hund etwas die eigene Sprache beizubringen; (b) etwas von der Hundesprache selbst zu lernen; (c) beides.

Die meisten Hunde, die von anderen Hunden sehr leicht abgelenkt werden, haben etwas gemeinsames - die Sehnsucht, miteinander zu spielen. Für die große Mehrheit der Hunde ist dies der Höhepunkt des Tages, einfach deshalb, weil ihre Besitzer nicht genügend mit ihnen spielen; und selbst wenn sie mit ihnen spielen, fehlt diesem Spiel die richtige Begeisterung.

Häufig treffen wir auch auf die Tatsache, daß leicht ablenkbare Hunde im Alltag mit einem zweiten Hund zusammenleben. Dieses

bedeutet, daß die Bindung zwischen den zwei Hunden stärker ist als die Bindung zwischen Hund und Besitzer.

Hast Du mehr als einen Hund, gibt es einen einfachen Test. Laß einen Hund zu Hause, gehe mit dem anderen spazieren. Bei Deiner Rückkehr beobachte genau, wen der zurückgelassene Hund als ersten begrüßt - Dich oder den anderen Hund. Jetzt tausche die Hunde untereinander aus, wiederhole den Test. Die meisten werden feststellen, daß es einen Hund gibt, der sie immer als erstes begrüßt, während der andere zunächst den anderen Hund begrüßt. Kein Zufall, der Letztere wird durch andere Hunde viel leichter abgelenkt.

Um dieses Problem zu lösen, mußt Du einige Zeit opfern, in dem Du mit Deinem Hund und seinem Lieblingsspielzeug spielst; dabei solltest Du so viel Freude wie möglich bei ihm auslösen Besitzt Du mehrere Hunde, mußt Du das freie Spiel der Hunde untereinander einschränken, mit jedem einzeln spielen. Am Ende erfahren sie mehr Freude aus dem Spiel mit Dir als durch das Spiel untereinander. Dies wiederum bedeutet, wenn Du anderen Hunden begegnest, bist Du selbst für Deinen Hund unverändert die größte Attraktion. Nie solltest Du Deinen Hund bestrafen, weil er weglaufen will, dem anderen Hund »Hallo« zu sagen wünscht. Du solltest lieber seinen Wunsch zu Deinem eigenen Vorteil nutzen, ihm ein oder zwei einfache Kommandos abverlangen, ehe Du ihm erlaubst, zum anderen Hund zu laufen.

Wenn Du Deinen Hund von anderen

Hunden abrufst, mußt Du seinen Gehorsam immer mit Spielzeug oder Leckerbissen belohnen; gut ist auch, ihm gelegentlich nach der Belohnung zu gestatten, noch einige Minuten länger mit dem anderen Hund wieder zu spielen.

Sobald Du die Ablenkung durch andere Hunde verringert hast, ist der Weg frei für das weitere Erziehungsprogramm.

AGGRESSIONSVERHALTEN

Wenn Du irgendwelche Aggressionsprobleme erwartest, solltest Du vor Erziehungsbeginn mit dem Tierarzt sprechen. Einige Verhaltensstörungen haben medizinische Ursachen, welche der Tierarzt behandeln kann; möglicherweise überweist er Dich auch an einen Verhaltenstherapeuten, der sich auf die Behandlung von Verhaltensstörungen bei Hunden spezialisiert hat. In England besteht eine eigene Vereinigung - The Association of Pet Behaviour Counsellors (A.P.B.C). In anderen Ländern gibt es erfahrene Therapeuten und Hundeausbilder. Vorsicht ist jedoch angezeigt, da Hundeverhaltenstherapeuten keiner klaren Ausbildungsverordnung unterworfen sind. Der falsche Berater kann wirklich viel Unfug anrichten! Also aufgepaßt bei der Auswahl des richtigen Therapeuten für Deinen Hund.

KAPITEL 3

ERZIEHUNGSHILFEN

Das Erlernen der richtigen Anwendung der zahlreichen Erziehungshilfen, über die wir verfügen, ist etwas, das viel zu häufig vernachlässigt wird, dabei sind sie für die Schnelligkeit, mit der ein Hund lernt, Kommandos auszuführen, so entscheidend! In diesem Kapitel überprüfen wir diese Hilfen im einzelnen, dadurch wirst Du Dir viel bewußter, wie Du sie sinnvoll in Deinem Erziehungsprogramm einsetzen kannst.

DEINE HÄNDE

Häufig wirst Du bei der Ausbildung Deine Hände brauchen, um Deinen Hund in die erwünschte Position zu bringen. Weiterhin nutzt Du vielfach Deine Hände, um Deinen Hund zu streicheln, ihn zu ermuntern (körperliches Lob). Deshalb ist es sehr sinnvoll, vor Erziehungsbeginn sicherzustellen, daß Dein Hund beides gerne akzeptiert, von den Händen in bestimmte Positionen gebracht zu werden, sich von ihnen streicheln zu lassen. Es ist zu bedauerlich, einige Hunde haben überhaupt keine angenehme Bindung zu den Händen ihrer Besitzer, weil sie geschlagen, bedroht, geschüttelt oder umhergestoßen wurden; diese Verbindungen sind natürlich unangenehm! Tatsache ist auch, daß viele Hunde in der Ausbildung schwierig sind, weil sie eine »Handscheu« entwickelt haben.

DEINE STIMME

Wir alle benutzen die Stimme, um mit unseren Hunden zu sprechen. Bei der Erziehung mußt Du jedoch Deine Stimme gezielt einsetzen, damit Dein Hund klar versteht, was Du von ihm verlangst. Deine Stimme ist auch immer ein Spiegel Deiner inneren Stimmung; deshalb ist es so wichtig, die eigene Einstellung während und unmittelbar nach einer Ausbildungsstunde genau zu kontrollieren. Deine Fähigkeit, den Ton Deiner Stimme zu verändern, um die Arbeit für Deinen Hund interessant, ermunternd und positiv zu machen, ebenso auch ein entsprechender Tonfall bei Miß-

billigung, werden für Deinen Hund jede Ausbildung viel leichter verständlich machen. Widerstehe unter allen Umständen der Versuchung, die Ausbildungszeit zu verlängern, wenn Du frustriert bist. Nie sollte man überhaupt mit einer Ausbildungsstunde beginnen, wenn man schlechter Laune ist.

MIMIK

Ein Lächeln kann sehr sinnvoll genutzt werden, für sich allein, wenn Dein Hund etwas Ermunterung braucht, oder auch in Verbindung mit körperlichem oder stimmlichem Lob. Bei einem sehr empfindsamen Hund kann eine Änderung vom Lächeln zum Stirnrunzeln als Ausdruck von Mißbilligung zur Korrektur falschen Verhaltens außerordentlich nützlich sein. Lerne freundlich zu lächeln, wenn Du die Worte »guter Hund« sagst, dann kommt der Ton bei ihm so an, wie Du es wirklich meinst! Du solltest Dir auch angewöhnen, die Stirne zu runzeln, wenn Du den Tonfall vom sehr Angenehmen zu leicht Unangenehmen veränderst.

DIE LEINE

Deine Hundeleine ist eines der wichtigsten Erziehungsmittel, leider denken aber nur sehr wenige Hundebesitzer darüber nach, wenn sie dieses wichtige Hilfsmittel kaufen. Selbst wenn man die richtige Leine kauft, wird sie bei der Ausbildung häufig falsch angewandt. Die meisten Hunde verbinden mit ihrer Leine eine angenehme Vorstellung, weil sie oft mit den Anregungen eines Spaziergangs gekoppelt ist. Einige Hunde haben allerdings leider auch unangenehme Verbindungen, weil sie erfahren mußten, daß ihr Besitzer sie damit geschlagen hat.

Für die Erziehung sollte Deine Leine entweder aus glattem Leder, alternativ aus Baumwolle/Nylon bestehen, beide sind reichlich im Angebot. Die Breite des Materials ist abhängig von Größe und Stärke Deines Hundes. Die Leine sollte immer lang genug sein, so daß wenn Dein Hund neben Dir steht, die Leine lose bis unter sein Halsband herabhängt. Wenn Du dieses Maß bestimmst, sollte Deine die Leine haltende Hand in der Höhe Deines Gürtels sein. Dies

bedeutet, daß Du Deine »Leinenhand« herunterhängen lassen kannst, wenn Du Deinem Hund etwas mehr Freiheit geben möchtest, durch Anheben dagegen wird der lose Teil gestrafft, der Bewegungsraum eingeengt. Ist die Leine zu lang, brauchst Du immer zwei Hände, um das Durchhängen aufzunehmen, ist sie zu kurz, überträgt sie viel zu viel Zug auf das Hundehalsband, wenn der Hund neben Dir geht. Der Karabinerhaken an der Leine sollte so am Halsband befestigt werden, daß beim Gehen der Befestigungspunkt unter, nicht über dem Hundehals liegt.

DAS HALSBAND

Es gibt ein breites Sortiment an Hundehalsbändern, aus denen der Hundebesitzer wählen kann. Die meisten Halsbänder werden mit dem Argument verkauft, sie ermöglichten bessere Kontrolle, bei wenigen ist dies tatsächlich der Fall. Hast Du erst einmal Deinem Hund beigebracht, Dich mit einem normalen Halsband hinter sich her zu ziehen, besteht die große Wahrscheinlichkeit, daß er dies weiterhin tut, auch wenn Du ihm einen Halbwürger, ein Würgehalsband, ein Stachelhalsband oder jedes andere Antiziehkopfstück anlegst.

Für die Ausbildung solltest Du immer ein flaches Leder- oder Nylonhalsband wählen, daß sich über eine Schnalle einstellen läßt. Breite und Länge des Halsbandes sind

abhängig von Kraft und Größe Deines Hundes. Um sicher zu sein, ein Halsband richtiger Größe zu kaufen, solltest Du eine Schnur um den Hundehals legen, hoch, direkt unter den Ohren, diese so anziehen, daß Du nur einen Finger zwischen Schnur und Hals stecken kannst. Jetzt wird die Schnur abgenommen, nachgemessen. Am besten wählt man ein Halsband, dessen mittleres Anpassungsloch etwa der Länge der abgemessenen Schnur entspricht.

FUTTER

Keinesfalls solltest Du die Bedeutung der Futterbelohnung bei der Ausbildung unterschätzen. Zahlreiche Aufgaben lernen unsere Hunde viel leichter und angenehmer, wenn Futterbelohnungen korrekt eingesetzt werden. Wenn diese »Leckerchen« Erfolg haben sollen, müssen sie Deinem Hund etwas ganz Besonderes sein, das man sich durch richtiges Tun verdient. Dies bedeutet, daß alle Futterbelohnungen bei der Erziehung sparsam verwendet werden müssen, Erziehungsstunden sollten immer vor der Fütterungszeit liegen. Um die Wirksamkeit der Leckerchen bei der Erziehung zu verstärken, sollte man durchaus Bröckchen von den Tagesmahlzeiten abzweigen, das ist viel besser, als wenn die Leckerchen zu den Mahlzeiten hinzukommen.

Achte darauf, zur Futterbelohnung kommen zusätzlich immer stimmliches und körperliches Lob. Dadurch wird nicht nur der Effekt der Belohnung verstärkt, man baut gleichzeitig auch die Abhängigkeit des Hundes von derartigen Leckerchen ab. Wenn die Leckerchen korrekt eingesetzt werden, sollte Dein Hund Deine Befehle in der Hoffnung ausführen, gelegentlich diese Belohnung zu bekommen, nicht nur alleine um der Belohnung Willen.

SPIELEN

Jeder Hund liebt das Spielen, dies kann man für die Erziehung nutzen. Als allererstes mußt Du herausfinden, welche Spiele Dein Hund besonders mag, dann wähle das Spielzeug, das es Dir ermöglicht, ihn besonders erregt und spielfreudig zu machen. Spiele lassen sich gewöhnlich leichter über ein eigens dafür hergestelltes Ausbildungsspielzeug entwickeln, dies ist immer besser, als selbst zum Spielzeug zu werden. Der Vorteil eines solchen Spielzeugs liegt darin, daß man es nach Gebrauch wegstecken kann. Dadurch erhält man während der Ausbildung als Belohnung die Spielfreude des Hundes. Niemals solltest Du das Ausbildungsspielzeug herumliegen lassen, niemals darf der Hund unkontrolliert mit ihm spielen; möglicherweise zerstört er es oder verliert das Interesse daran, es wird ihm langweilig.

Wenn Du ein Spielzeug als Belohnung einsetzt, mußt Du immer viel erregendes stimmliches und auch körperliches Lob damit verbinden, um die Freude Deines Hundes zu maximieren. Denke immer daran, die Erregung muß von Dir ausgelöst werden. Niemals kann man einen Hund zum Spielen zwingen. Er spielt nur, wenn er selber Lust und Freude daran hat.

BEOBACHTUNG

Eigene Beobachtung ist eine der nützlichsten, aber am wenigsten genutzten Erziehungshilfen, die uns zur Verfügung stehen. Wenn Du Dich bei der Erziehung hundert Prozent auf Deinen Hund konzentrierst, bist Du sehr schnell in der Lage vorauszusehen, was er wahrscheinlich als Nächstes tun wird. Wenn Du seine nächste Bewegung vorauszusehen vermagst, kannst Du hierdurch Deine Belohnung zeitlich so einsetzen, daß ihre Wirksamkeit optimal ist. Manchmal ist es sehr nützlich, andere Leute bei der Erziehung ihrer Hunde zu beobachten, hierdurch kann man die eigene Beobachtungsgabe stärken. Wenn Du zum Beispiel siehst, wie einem Hund »Sitz! Bleib!« beigebracht wird, er dabei immer wieder ausbricht, kannst Du ein Verhaltensmuster feststellen. Beispielsweise könnte der Hund, genau ehe er sich bewegt, vom Führer wegschauen, einen Blick nach hinten werfen. Kannst Du dieses Verhalten bei Deinem eigenen Hund voraussehen, bist Du in der Lage, ihn entweder vom Wegschauen abzuhalten, indem Du seine Aufmerksamkeit auf Dich konzentrierst oder direkt vor seiner Bewegung eine sanfte stimmliche Korrektur einsetzen, ihn danach für das Bleiben belohnen. Gute Ausbilder sind immer vorzügliche Beobachter der Hunde, mit denen sie gerade arbeiten.

KAPITEL 4

VOR DER AUSBILDUNG

Um Deinen Hund und Dich selbst für die Ausbildung vorzubereiten, solltest Du zunächst nachstehende Übungen erlernen, um den ganzen Ausbildungsprozeß so leicht wie möglich zu gestalten.

KONTROLLIERTE BELOHNUNGEN

Ehe Du eine Belohnung wirksam einsetzen kannst, mußt Du lernen, ihren Gebrauch zu kontrollieren. Im Idealfall sollte jede Belohnung eine positive Erregung auslösen. Über-Erregung jedoch kann ebenso kontraproduktiv sein wie überhaupt keine Anregung.

Streicheln
(körperliches Lob)

Versuche, Deinen Hund sanft zu streicheln, ohne mit ihm zu sprechen, während Du bequem zu Hause im Sessel sitzt. Beobachte in welchem Grad ihn dies erregt. Jetzt solltest Du ihn enthusiastischer streicheln, genau beobachten, wie ihn dies beeinflußt. Kommst Du zu dem Punkt, daß er außer Kontrolle aufspringt oder eine »Todesrunde« quer durch die Möbel startet, hast Du ihn übermäßig erregt. Das Ziel, das wir anstreben, ist immer, daß er angeregt, dabei aber nicht unkontrollierbar wird.

Sprechen
(stimmliches Lob)

Hast Du den Streicheltest ausprobiert, solltest Du dasselbe Experiment durch Reden in angenehmem Tonfall wiederholen, die Reaktion Deines Hundes beobachten. Verstärke die Erregung in Deiner Stimme, um herauszufinden, wie sehr Du Deinen Hund damit motivieren kannst. Zuviel bedeutet Verlust der Kontrolle, zuwenig überhaupt keine Reaktion.

Sprechen und Streicheln
(stimmliches und körperliches Lob)

Durch Kombination beider Methoden wirst Du herausfinden, daß es noch einfacher ist, Deinen Hund übermäßig zu stimulieren, insbesondere wenn er von sich aus leicht erregbar ist. Du mußt lernen, Deine Hilfen so zu kombinieren, daß Du Erregung auslösen kannst, ohne die Kontrolle zu verlieren. Je nach Charakter des Hundes wird die Stärke der Belohnung immer unterschiedlich sein müssen.

FUTTER

Es macht keinen Sinn, ein Leckerchen als Belohnung zu verwenden, wenn Dein Hund seinen Futternapf aggressiv verteidigt oder wenn er sich aufregt, Dir Futterbissen aus den Händen reißt. Wenn Du mit Leckerchen arbeiten willst, bedarf es vorheriger Erziehung. Am besten hältst Du zunächst ein Leckerchen in der Hand, zwischen Daumen und Zeigefinger, versuchst den Hund darauf aufmerksam zu machen.

Halte den Futterbissen etwa drei bis fünf Zentimeter vor den Hundefang, wobei er den Bissen nicht berühren darf. Versucht er, das Futter aus Deinen Fingern zu zerren, ziehe die Hand nicht zurück, runzle die Stirn, sprich in strengem Ton, bis er aufgibt, den Futterbissen wegnehmen zu wollen. Hat er dann geduldig ein paar Sekunden gewartet, solltest Du lächeln, ihm dann in wirklich freundlichem Ton erlauben, den Bissen zu nehmen. Die meisten Hunde lernen sehr schnell, daß sie beim Versuch zu schnappen den Bissen nicht bekommen, geduldig warten müssen, bis man ihnen das Leckerchen gibt. Verhält sich Dein Hund im Zusammenhang mit Futter weiterhin aggressiv, wäre es klüger, auf den Einsatz von Futter als Erziehungshilfe völlig zu verzichten, sich nur auf Lob und Spiel zu beschränken.

SPIELZEUG

Spielzeug gehört zu den erfolgreichsten Ausbildungshilfen, die es gibt, sie werden aber auch am häufigsten falsch verstanden. Ehe man für die Erziehung Spielzeug einsetzen kann, ist es zwingend, daß der Hund die richtigen Regeln zum Umgang mit Spielzeug lernt. Es macht wenig Sinn, als Belohnung ein Spielzeug zu werfen, wenn man dem Hund das »Frei Folgen« bei Fuß beibringt, er dabei das Spielzeug aufnimmt und wegläuft. Passiert dies trotzdem, wird es Dich wahrscheinlich mehr Zeit kosten, Deinen Hund zu Dir zurückzuholen, ihm das Spielzeug abzunehmen, als Du für das »Bei Fuß Lernen« brauchst. Ähnlich ist es, wenn Dein Hund das Spielzeug so fest in den Fang nimmt, daß es schwierig ist, es wieder zu bekommen. Diese Art von Belohnung kann man so lange nicht einsetzen, bis diese Spiele unter Kontrolle sind.

Ehe Du also nur Spielzeug als Belohnung einsetzt, solltest Du zunächst Deinen Hund lehren, das weggeworfene Spielzeug zu apportieren. Man erreicht dies durch Befestigen einer Schnur am Hundehalsband, um den Hund erforderlichenfalls zu Dir heranziehen

zu können. Wichtig ist immer tüchtiges Lob, bevor Du das Spielzeug wegnimmst, um es erneut zu werfen. Versucht Dein Hund, nach dem Spielzeug zu schnappen, solange Du es in der Hand hältst, könntest Du die gleiche Technik anwenden, die ich für dasselbe Verhalten bei Futter empfohlen habe. Fällt es

schwer, das Spielzeug aus dem Hundefang zu bekommen, brauchst Du sehr viel Geduld. Rede ihm gut zu, warte bis er es losläßt. Wenn er seinen Griff lockert, sich das Spielzeug abnehmen läßt, solltest Du ihn tüchtig loben und belohnen. Hier hilft auch zeitlich richtig abgestimmte Futterbelohnung.

AUFMERKSAMKEIT UND KONZENTRATION

Hunde sind in der Zeit, über die sie sich zu konzentrieren vermögen, sehr unterschiedlich. Du mußt herausfinden, wie lange sich Dein Hund konzentrieren kann, so daß Du in

den ersten Ausbildungsübungen diese Grenze nicht überschreitest. Dauert eine Ausbildungsstunde zu lang, wird alles kontraproduktiv, führt häufig zu Frust für den Ausbilder.

Um die Konzentrationsspanne Deines Hundes herauszufinden, gibt es eine einfache Übung. Man nimmt ein Spielzeug oder ein Leckerchen, geht in einen ruhigen Raum, ohne irgendwelche andere Menschen, Haustiere oder Ablenkungen. Man setzt sich neben seinen Hund, lenkt seine Aufmerksamkeit auf die Belohnung, die man in der Hand hält. Er darf diese Belohnung nicht berühren, man setzt aber die Stimme ein, um ihn zu bestärken, sich auf das Leckerchen oder das Spielzeug zu konzentrieren. Jetzt stoppt man die Zeit, die es dauert, bis er in seiner Konzentration nachläßt, gibt ihm die Belohnung und wiederholt die Übung vier mal in schneller Folge. Die Durchschnittszeit, über die Du die Aufmerksamkeit Deines Hundes auf die Be-

lohnung konzentrieren konntest, sollte die Maximalzeit sein, die Du zu Beginn Deines Ausbildungsprogramms auf die einzelne Übung verwendest. Mit zunehmender Praxis kannst Du die Konzentrationsfähigkeit Deines Hundes geradezu dramatisch steigern, parallel auch seine Lernfähigkeit für die Aufgaben, die Du ihn lehren möchtest.

Als hyperaktiv bezeichnete Hunde scheinen nur wenig oder überhaupt keine Konzentrationsfähigkeit zu besitzen. Zu Anfang sind es häufig nur wenige Sekunden. Gut ausgebildete Hunde dagegen sind fähig, sich 20 Minuten und mehr zu konzentrieren. Je häufiger Du diese Konzentrationsübung wiederholst, um so besser wird sich Dein Hund konzentrieren können. Achte darauf, wenn Du in der Bequemlichkeit Deines eigenen Zuhauses alle Aufmerksamkeit Deines Hundes auf die eine Belohnung nicht zu konzentrieren vermagst, obgleich es keine Ablenkungen gibt, dann ist es ziemlich sinnlos, Ausbildungslehrgänge zu besuchen,

oder mit Deinem Hund auf öffentlichem Gelände zu üben.

BERÜHRUNG / HANDLING

Die Ausbildung eines Hundes verlangt in größerem Ausmaß körperliche Berührung. Deshalb ist es immer richtig, in der Vorerziehung den Hund daran zu gewöhnen, angefaßt zu werden.

Anfangs befestigt man am Halsband eine Leine, das andere Ende wird mit einem festen Punkt verknüpft oder von jemand gehalten. Hierdurch hat der Hundeführer beide Hände frei. Als erstes wird nacheinander eine Pfote um die andere angehoben, man beginnt dabei mit den Vorderpfoten. Der Hund wird tüchtig gelobt und belohnt, wenn er zuläßt, daß die einzelnen Pfoten angehoben werden. Dann bringt man seinen Hund in eine liegende Stellung und rollt ihn auf eine Körperseite. Dabei wird er dann gelobt und so tüchtig wie möglich ermuntert, bis er die von Dir gewünschte Stellung einnimmt. Danach rollt man ihn sanft auf die andere Seite und belohnt ihn besonders freundlich. Abschließend ermuntert man ihn, wieder aufzustehen, lockt ihn mit einer Belohnung. Danach wird er im Halbkreis so umgedreht, daß er in die entgegengesetzte Richtung schaut, dann wieder zurückbewegt.

Leistete der Hund in irgendeiner Stufe dieser Bewegungen Widerstand, sollte man keinesfalls weitermachen, bis er freiwillig die Änderung akzeptiert. Eine große Hilfe ist dabei die Verbindung dieser Übungen mit der täglichen Fellpflege (dies ist auch bei kurzhaarigen Rassen wichtig). Die Pflege sollte, wenn möglich, vor dem Spazierengehen, vor der Fütterung oder vor gemeinsamem Spiel erfolgen. Wenn solche täglichen Übungen für den Hund immer mit angenehmen Erfahrungen verbunden sind, wird er sich darauf freuen, von Dir berührt zu werden.

KAPITEL 5

LERNEN DURCH KÖRPERKONTAKT

Lernen durch Körperkontakt ist eine neue, ganzheitliche Methode für Gesundheit und Ausbildung des Tieres. Wie wir in den vorangegangenen Kapiteln schon gesehen haben ist Berührung ein ganz wichtiger Bestandteil der Kommunikation zwischen Hunden und uns. Durch Berührung lernt ein Hund viel über seine Umgebung. Diese, in Verbindung mit dem Körperkontakt zu seinen Wurfgeschwistern, lehrt ihn auch Koordination und Kontrolle seiner Bewegungen. Die Entwicklung seines Körperbewußtseins verstärkt sein Vertrauen und seine Fähigkeiten gegenüber anderen Tieren, hierdurch gewinnt er Geschicklichkeit für sein ganzes künftiges Leben. Wird ein Hund von Komfort und Stimulans des Körperkontaktes ausgeschlossen, kann er seine Anlagen körperlicher und seelischer Art nicht voll ausschöpfen.

Aus Verbesserung unserer Berührungskommunikation kann geradezu erstaunlicher Nutzen gezogen werden, sie stärkt das Selbstvertrauen des Hundes, seine Kontrolle über die Eigenbewegungen. Auch wir haben Vorteile davon. Berührung reduziert den Blutdruck, die Herzschlagrate, sie ist der natürliche Weg, seelischen und körperlichen Streß abzubauen. Körperkommunikation kann sogar Geldausgaben sparen! Wenn Du Deinen Hund systematisch abtastest, findest Du leicht Schwellungen, Erhitzung oder Schmerz, was Du andernfalls übersehen würdest. Dadurch kann sich Dein Tierarzt in einer viel früheren, weniger komplizierten Phase damit befassen. Weil Dein Hund an die Berührung gewöhnt ist, kann ihn Dein Tierarzt viel leichter anfassen - dies kann im Notfall lebensrettend sein.

Indem wir ganz einfache, zarte Berührung anstelle gedankenlosen Streichelns einsetzen, können wir die Wirksamkeit unserer Berührungen verstärken. Nachstehend beschreibe ich einige dieser sanften Berührungen. Ehe Du aber damit anfängst, solltest Du Dir Deinen Hund ringsum ganz genau ansehen. Studiere exakt, wie er sich bewegt, wie er den Kopf hält, auch seine Rute. Bewegt er sich geradlinig oder leicht seitlich, wenn man ihn von vorn oder hinten betrachtet? Bewegt sich sein Rücken deutlich oder bewegen sich die Läufe unter ihm, ohne eine Rückenbewegung auszulösen? Hat er lange, ausgreifende Schritte oder bewegt er sich kurz und abgehackt? Ist seine Schrittlänge regelmäßig oder wird ein Lauf bereits nach einer etwas kürzeren Bewegung auf den Boden gesetzt? Bewegen sich seine Läufe gerade oder kreisend? Wie setzt, steht oder legt er sich nieder? Wenn Du Deinen Hund genau kennst, seine Bewegung analysiert hast, bedeutet dies eine große Hilfe zum Erkennen, wenn sich etwas verändert. Oft hast Du vielleicht gesagt, »irgend etwas ist heute mit ihm nicht in Ordnung«. Hast Du gelernt, Deinen Hund genau zu beobachten, dann wirst Du wissen, was anders ist. Wenn Du die gewöhnlichen Bewegungen Deines Hundes genau kennst, bist Du in der Lage, die Stelle, die »nicht ganz in Ordnung« ist, zu erkennen. Beobachtest Du Deinen Hund, denke daran, daß selbst Hunde gleicher Rasse sich häufig sehr verschiedenartig bewegen. Du mußt herausfinden, was für Deinen Hund normal ist.

BERÜHRE DEINEN HUND

Ich spreche von Berühren, weniger von Massage, weil man in der Regel unter Massage eine Art tiefer Muskelmassage versteht, wofür einiger Druck notwendig ist. Hierfür bedarf es genauer Kenntnis der Anatomie, denn der Druck könnte - falsch angewandt - Unbehagen und sogar Schädigungen beim Hund auslösen. Die nachstehend beschriebene Berührung erfolgt von leichter Hand, wirkt auf die Zellen und auf das Nervensystem.

Am besten versuchst Du es zunächst an Dir selbst, dadurch spürst Du die Wirkung aus der Sicht Deines Hundes. Hast Du ein Gefühl entwickelt, kontrollierst Ablauf und Druck Deiner Berührung, kannst Du mit der Behandlung Deines Hundes zart beginnen. Am besten wählst Du ein ruhiges, warmes Zimmer, abseits von allen anderen Haustieren, dies gibt Dir mehr Konzentration, Deinem Hund Entspannung. Keinesfalls darf der Hund angebunden werden, läuft er weg, zeigt er, daß er Deine Behandlung als unangenehm empfindet. Sprich mit ihm in ruhigem, freundlichen Ton. Atme langsam und tief, beginne immer an einer Körperstelle, an der er es gerne mag. Immer zart die Haut berühren, nach und nach kannst Du die Behandlung über längere Zeitabschnitte fortsetzen, aber nie länger als bis zu dem Punkt, wo es ihm lästig wird, denn dies würde zu Widerstand gegen die Berührung führen, zur Erregung - genau dem entgegen, was Du anstrebst. Es kann durchaus einige Zeit dauern, bis das notwendige Vertrauen für diese Behandlung zur Routine wird, hat man dieses Vertrauen aber gewonnen, vertieft es die Bindung zwischen Mensch und Hund.

Um Deinen Hund zu entspannen, ihn für mehr Körperkontakt vorzubereiten, ist eine schnelle, leichte Fingerbewegung gegen den Strich des Haarwuchses eine gute, erste Berührung. Man kann auch die entspannte, gewölbte Handfläche sanft über den Körper führen, als wollte man Staub abwischen. Diese Berührung ist bei berührungsempfindlichen Hunden ideal, nimmt ihnen die Berührungsangst. Nach einigen Sekunden kannst Du Deine Hände mit langen streichelnden Bewegungen weiterführen (die

Innenseite Deiner Hände und Deiner Fingerspitzen im Kontakt zum Hund). Am besten beginnst Du unten am Bauch, arbeitest in Richtung Hunderücken. Dein Hund sollte sich jetzt entspannt haben, für die nächste Stufe bereit sein. Hierbei liegt eine Hand sanft auf dem Hund, während die andere Handfläche zart kreisförmig über die Haut streichelt. Man beginnt anfangs schnell, nach und nach verlangsamen sich das Atmen und die Handbewegungen. Achte bei dieser Verlangsamung auch auf Deinen eigenen Atem, konzentriere Dich darauf, einzelne Kreise zu ziehen, dabei zu fühlen, wie die Haut über die oberen Muskeln gleitet. Führe diese Bewegung systematisch über den ganzen Hundekörper fort, gebrauche dabei gerade nur so viel Druck, damit die Haut über die Muskeln gleitet. Bearbeite nach und nach auch die empfindlicheren Körperbereiche, beginne mit den Pfoten, spreize zart die Zehen, arbeite zwischen den Ballen. Dazwischen solltest Du sanft die Hundeohren durch Deine Finger und den Daumen gleiten lassen. Im Ohr liegen alle Akupunkturpunkte des Körpers, durch diese zarte, gleitende Bewegung des Ohres wird

der gesamte Körper beeinflußt. Mit zunehmender Erfahrung solltest Du dann mit unterschiedlichen zarten Berührungen experimentieren. Einige Hunde finden den Kontakt der Fingerspitzen sehr angenehm, andere empfinden dies als zu zudringlich. Beobachte immer Gesicht und Körper Deines Hundes, achte dabei auf jede Veränderung. Denke immer daran, was Du auch tust, es muß immer Deinem Hund angenehm sein.

mit der flachen Hand schiebt er meine Haut in kleinen Kreisen

33

Wenn Dein Hund die Berührungen als zu stark empfindet, mußt Du sie abschwächen, es vielleicht auch mit einem Stückchen Schafsfell versuchen. Kurzhaarige, sehr empfindliche Hunde schätzen dies sehr.

Ist jetzt die Behandlung abgeschlossen, solltest Du mit weichen langen Strichen den ganzen Körper streicheln, um all die Einzelbereiche, die Du bearbeitet hast, wieder zu glätten.

BESSERE KOORDINATION

Bei Hunden, die Konzentrationsschwierigkeiten haben oder ungeschickt erscheinen (Mangel an Körpergefühl und Körperkontrolle), kann diese Berührungsarbeit mit Bewegungsübungen verbunden werden. Diese Bewegungsübungen sind ähnlich wie die für junge Pferde, die man so Balance und Koor-

dination lehrt. Sie sind aus einer Serie einfachster Hindernisse zusammengesetzt, über die man den jetzt Hund gehen läßt. Die Berührungskontakte, verbunden mit Bewegungsübungen, verbessern die Koordination und Körperkontrolle Deines Hundes. Diese Übungen sind recht einfach, sie machen Spaß, brauchen wenig Zeit, vermitteln ein besseres Verständnis über die Möglichkeiten des Hundes. Der Hund lernt schneller, hat es später bei der Allgemeinausbildung und Teamarbeit leichter. Körperberührung und Übungen an Hindernissen führen zur Entspannung, bauen Streß ab, helfen beim Lernprozeß. Menschen wie Tiere lernen mehr, wenn sie entspannt sind, wenn sie Freude an den Aufgaben haben.

Alte Reifen und Plastikröhren bieten ideale Hindernisse, sind billig, leicht zu beschaffen und praktisch unzerstörbar. Alles, was Du tun mußt, ist, einige Hindernisse auf dem Boden in einem abseits gelegenen Gelände aufzustellen und Deinen Hund hindurchzuführen. Wenn Dein Hund über die Reifen oder Röhren stolpert, nimm einen Stock, um damit vor ihm auf den Boden zu klopfen, mache ihn auf die Hindernisse aufmerksam. Eine andere Hilfsmethode ist es, Futterbrocken vor dem Hund fallen zu lassen, so daß er den Kopf tiefer hält, darauf aufmerksam wird. Bei den ersten Versuchen ird er möglicherweise um die Röhren herumlaufen

oder sie wegrollen. Aber nach ein paar Übungen wird er schnell es begreifen, wie er auch über die kompliziertesten Hindernisse gelangt. Dies stärkt sein Selbstvertrauen und auch seine Anpassungsfähigkeit an neue Situationen. Wenn Du den Hund über die Hindernisse führst, darfst Du nie die Leine zur Korrektur verwenden. Er selbst muß seine eigene Balance und Hinderniskontrolle finden.

Hunde die viel Unterordnung geleistet haben, werden häufig nur links vom Führer gearbeitet, können dabei sehr einseitig werden. Um dem entgegen zu wirken, sollte man sie immer über die Hindernisse von beiden Seiten führen. Sei geduldig, achte auch darauf, wo Du die eigenen Füße hinsetzt. Bist Du selbst zu sorglos, wird es häufig auch Dein Hund sein; wenn Du jedoch selbst vor jedem Hindernis deutlich die Füße hebst, wird Dein Hund Dich nachahmen, leichter darüber kommen. Gehe die Hindernisse immer langsam und bedächtig an, lasse Deinem Hund und Dir Zeit über das, was ihr tut, nachzudenken.

Wenn man Körperkontakt und Bodenübungen miteinander kombiniert, wird dies die Lernfähigkeit des Hundes verbessern. Da Du selbst dabei Gefühle und Möglichkeiten Deines Hundes viel besser erkennst, macht es Dich zu einem viel erfolgreicheren und verständigen Hundeausbilder.

KAPITEL 6

HERANKOMMEN

Da es sich bei dieser Übung um die wichtigste aller Grundausbildungen handelt, ist sie immer die erste, die wir lehren. Die meisten Hundebesitzer machen den Fehler, diese Übung draußen im Gelände anstatt zu Hause zu beginnen, nehmen an, daß der Hund, in seiner gewohnten Umgebung gerufen, immer bereitwillig und zuverlässig kommt. Ehe Du mit irgendeiner Erziehung im Freigelände beginnst, sollten Dein Hund und Du den nachstehenden einfachen Test bestehen. Wenn Ihr versagt, wirst Du mit Übung eins beginnen müssen, besteht Ihr den Test, beginne mit Stufe zwei.

DER TEST

Er ist in fünf Abschnitte unterteilt. Jede Aufgabe muß einmal wiederholt werden. Du solltest nicht im voraus zeigen, daß Du eine Belohnung für Deinen Hund in Händen hälst, obgleich Du jedes erfolgreiche Bestehen eines Tests belohnen darfst. Es ist Dir nur gestattet, den Namen des Hundes und das Kommando für das Herankommen (»komm«, »hier«...) einmal zu gebrauchen. Kommando wiederholen bedeutet, daß dieser Testteil nicht bestanden ist.

(1) Wenn Dein Hund mit Dir im gleichen Zimmer ist, aber nicht darauf achtet, was Du tust, ruf ihn zu Dir und halte ihn ruhig am Halsband fest. Mit Ausnahme des Arms ist es Dir nicht gestattet, Dich ihm entgegen zu bewegen. Er muß freudig und gerne zu Dir kommen. Verweigert er das Kommen oder ignoriert das Kommando, macht es Schwierigkeiten, ihn ohne Änderung Deiner Stellung am Halsband festzuhalten, ist die Aufgabe nicht bestanden.

(2) Der Hund befindet sich im Nebenzimmer, völlig außer Sicht, Du rufst ihn zu Dir, hältst ihn ruhig am Halsband, wenn er dicht genug heran ist. Es gelten die gleichen Regeln wie in Abschnitt (1).

(3) Dein Hund ist draußen im Garten (nur bei eingezäuntem Garten oder Hof!). Du stehst außer Sicht innerhalb des Hauses, hast die Leine in der Hand. Rufe Deinen Hund und leine ihn - wenn er kommt - an, ehe Du ihm eine Belohnung gibst.

(4) Ein Familienmitglied oder Freund kommt ins Haus, Du erlaubst Deinem Hund, ihm entgegen zu laufen und ihn zu begrüßen. Begebe Dich an eine Stelle, vom Hund so weit wie möglich entfernt, achte darauf, daß Du voll in Sichtweite bleibst. Bitte den Besucher, stehen zu bleiben, nicht mit Deinem Hund zu sprechen. Rufe ihn jetzt zu Dir, ist er dicht genug heran, halte ihn am Halsband, ehe Du ihn lobst.

(5) Bitte einen Freund oder Nachbarn, Dich mit einem anderen Hund zu besuchen. Es muß ein freundlicher Hund mit offenem Wesen sein, am besten einer, den Dein Hund bereits kennt, mit dem er freundlich ist. Bei diesem Test bleibt der zweite Hund angeleint. Lasse Deinen Hund entgegenlaufen, den anderen Hund begrüßen. Nach zwei Minuten rufst Du den Hund zu Dir, verfahre wie in Abschnitt (4).

WELCHE PUNKTZAHL WURDE ERREICHT?

Hast Du aus den zehn Übungen (jede Aufgabe wurde einmal wiederholt) 0 Punkte erzielt, weist dies darauf hin, daß Deine Beziehung zu Deinem Hund nicht gut genug ist, um mit der Ausbildung überhaupt zu beginnen. Dieses Ergebnis trifft man am häufigsten bei Hundebesitzern, die mehr als

einen Hund haben, wobei die Bindung unter den Hunden stärker ist als gegenüber dem Besitzer. Hast Du tatsächlich einen Hund, der auf Dich überhaupt nicht reagiert, mußt Du zunächst eine gute Beziehung aufbauen, ehe Du überhaupt mit der Erziehung beginnen kannst.

Hast Du eine Punktzahl zwischen 1 und 5, ist dies ein Hinweis, daß Dein Hund - ohne Ablenkungen - auf Dich reagiert, aber auch, daß er bisher wenig oder überhaupt keine klare Erziehung erhalten hat.

Eine Punktzahl zwischen 6 und 9 weist auf Einzelprobleme beim Kommen hin, etwa daß Dein Hund es nicht liebt, angeleint zu werden, oder daß er durch die Anwesenheit anderer Hunde oder Menschen - oder beides - zu sehr abgelenkt wird.

Die Mindestzahl für das Bestehen des Tests ist 10 aus 10! Wenn Du Deinen Hund nicht dazu bringen kannst, innerhalb des eigenen Hauses sofort zu Dir zu kommen, hast Du nicht die notwendige Kontrolle, um seine Erziehung außerhalb des Hauses zu beginnen, wo er sich in aller Regel noch sehr viel mehr Ablenkungen gegenüber sieht.

War es Dir gar nicht möglich, ein oder mehrere Abschnitte des Tests durchzuführen, weil Du Probleme mit dem Charakter Deines Hundes hast, dann müssen diese Probleme erst korrigiert werden, ehe Du überhaupt mit der Erziehung beginnst.

AUSBILDUNGSSTUFE EINS

Nachstehende Übungen gelten für Hunde und ihre Besitzer, die bei obigen Tests weniger als 10 Punkte aus 10 erreicht haben. Versuche Dir ein klares Bild zu machen, was Du Deinen Hund lehren willst, ehe Du mit Übungen beginnst, so daß Du exakt das Ziel kennst, das Du anstrebst. Du solltest Dich auch aller Hilfsmittel für eine erfolgreiche Erziehung erinnern, und sie laufend gezielt einsetzen.

Fange mit dem Hund im gleichen Zimmer an, habe zu Beginn immer eine kleine Belohnung zur Hand. Mach dann Deinen Hund auf Dich aufmerksam, rufe ihn in erreg- tem Tonfalll, aber versuche dabei der Versuchung zu widerstehen, die Stimme selbst anzuheben. Wenn Dein Hund aufmerksam reagiert, zeige ihm die Belohnung, die Du ihm anbietest, dann brauche das Kommandowort, um ihn zu Dir zu rufen. Denke immer daran zu lächeln, die Stimme einzusetzen, um den Hund zum Näherkommen zu ermuntern. Kommt er in Reichweite, keinesfalls schnell nach seinem Halsband greifen, sondern ihn sanft mit der einen Hand berühren, während die andere die Belohnung gibt, den Hund streichelt. Diesen Teil der Übung solltest Du mehrfach wiederholen, je nachdem, wie lange sich Dein Hund auf Dich konzentrieren kann. Es ist immer besser, zehnmal täglich ein oder zwei Komm-Übungen durchzuführen als zehn solche Übungen einmal täglich.

Wenn Du Deinen Hund mehre Tage trainiert hast, er aber immer noch nicht sofort auf Ruf kommt, mußt Du herausfinden, was schief läuft. Nichtkommen in diesem Stadium läßt sich klar in drei Hauptproblembereiche aufteilen. Durch Beobachtung, was Dein Hund tut, wenn Du versuchst, ihn zu rufen, kannst Du herausfinden, was Du als nächstes tun mußt, um das erwünschte Ergebnis zu erzielen.

Problem Eins

Wenn Du Deinen Hund rufst, kommt er heran, bleibt aber genau außerhalb Deiner Reichweite, beharrt in einer erstarrten Haltung (»freeze«). Seine Augen fixieren eine Stelle, gerade geringfügig rechts oder links von Dir, er senkt geringfügig die vordere Körperhälfte ab, wedelt mit der Rute. Das alles bedeutet - er fordert Dich auf, ihn einzufangen, mit ihm zu spielen. Bei der geringsten Bewegung von Dir rast er von Dir weg oderan Dir vorbei, bleibt immer genau außer-

halb der Reichweite Deiner Arme. Ich weiß genau, wie frustrierend dies ist, aber Du mußt Dich daran erinnern, daß Dein Hund genau das tut, was Du ihm beigebracht hast, als Du ihm immer nachgelaufen bist.

Um dieses Problem zu korrigieren, solltest Du vor Beginn der nächsten Ausbildungsstunde ein Stück Schnur an seinem Halsband befestigen, laß es ihn nachziehen, halte es keinesfalls fest. Ignoriere Deinen Hund völlig, gehe hinter ihm her, bis Du in einer Position bist, daß Du auf die Schnur treten kannst. Wenn Du ihn jetzt rufst, er sich Dir nähert, hocke auf dem Boden und ziehe sanft die überflüssige Schnur an Dich heran. Verfällt Dein Hund in seine starre Haltung, bewege Dich geringfügig rückwärts, von ihm weg. Halte aber unverändert den Fuß auf der Schnur, so daß er nicht weglaufen oder an Dir vorbei rennen kann. Jetzt mußt Du ihn anlocken, ermuntern, dichter heranzukommen. Habe Geduld, erlaube aber Deinem Hund nicht, dies alles in ein Spiel abzuwandeln.

Besitzer hat den Hund öfter zu sich herangerufen, um ihn zu strafen als zu belohnen, oder der Hund ist von Natur aus sehr unterwürfig, fühlt sich durch die von seinem Besitzer ausgehenden Signale stark unter Druck.

In jedem Fall ist die Heilung dieses Problems die gleiche. Am besten wechselst Du jetzt das Kommandowort, da es möglicherweise bereits unliebsame Erinnerungen für den Hund weckt. »Komm hierher« könnte abgeändert werden in »hier«, »näher« oder »zu mir«. Wenn Du das Kommando gibst, solltest Du immer auf dem Boden sitzen oder hocken, die Arme einladend ausbreiten und lächeln. Kommt Dein Hund dicht genug heran, solltest Du ihn sanft streicheln, ehe Du ihm ein Leckerchen gibst. Versuche immer, die Stimme weich und ermunternd zu halten, vor allem aber habe Geduld. Jeder Schritt Deines Hundes auf Dich zu sollte belohnt werden, auch wenn es nur ein ganz zögernder Einzelschritt ist. Bis Dein Hund stets fröhlich herankommt solltest Du es vermeiden, ihn zu rufen, wenn Du aufrecht stehst.

Lächle, setze alle Hilfsmittel ein, um ihn näher zu bekommen. Runzle die Stirne, ändere Deine Stimmlage etwas, wenn er versucht, Dich zu meiden. Nie darfst Du versuchen, die Schnur anzuspannen, ihn auf Dich zuzuziehen, denn dadurch lernt er, ganz einfach nur dann zu kommen, wenn Du ihn an einer Schnur hältst; ist er nicht festgemacht, wird er schnell lernen, Dich wieder zu ignorieren.

Problem Zwei

Wenn Du Deinen Hund rufst, kommt er heran, verlangsamt seine Schritte bis er völlig anhält, genau außerhalb Deiner Reichweite. Wenn er sich nähert, schaut er Dich an als stände er unter Streß, Rute unter dem Bauch. Die Rute geht steif von einer Seite zur anderen. Er wird auch an Dir vorbeischauen, direkten Augenkontakt meiden, seine Ohren sind zurückgelegt, vielleicht leckt er auch seine Lefzen. Dieses Verhalten beruht auf zwei möglichen Ursachen - entweder der

Problem Drei

Wenn Du Deinen Hund rufst, nimmt er überhaupt keine Notiz von Dir. Manchmal macht er sich nicht einmal die Mühe, sich nach Dir umzudrehen. Dies geschieht meist bei Hunden, die es gelernt haben, unabhängig zu sein, auf ihren Namen desensibilisiert wurden. Hierunter versteht man, daß der Besitzer den Hundenamen tagtäglich immer wiederholt hat, wieder und wieder, ohne ihm eine besondere Bedeutung zu geben. Dadurch wird der Hundename ganz einfach zum Hintergrundgeräusch - wird genauso völlig ignoriert wie der Klang der Waschmaschine oder des anspringenden Heizkessels.

Um dieses Problem zu korrigieren brauchst Du wiederum ein Stück Schnur am Hundehalsband, laß es ihn im Hause nachziehen, vorausgesetzt, er bleibt dabei überwacht. Warte darauf, bis er es übersieht, daß Du hinter ihm stehst, hebe die Schnur auf,

rufe seinen Namen. Diesmal mußt Du etwas mehr Druck in Deine Stimme bringen, das Kommando genau gleichzeitig mit einem scharfen Leinenruck erteilen. Der Ruck soll nur die eine Botschaft an Deinen Hund übertragen: »Ich spreche mit Dir«. Keinesfalls darf es den Hund erschrecken oder ihm gar Schmerzen bereiten. Im gleichen Augenblick, wenn der Hund zu Dir schaut, solltest Du ihm sofort eine Belohnung zeigen und ihn ermuntern, ihm alle Hilfen geben, daß er zu Dir kommt.

Wenn auf diese Art Dein Hund auf Ruf verläßlich zu Dir zurück kommt, mußt Du außer Sicht von einem anderen Zimmer rufen, auch Ablenkungen können einbezogen werden. Denke immer daran, hat Dein Hund beim Lernen irgendeines Schrittes Schwierigkeiten, mußt Du die Belohnung verstärken. Nie darfst Du über das Tempo hinausgehen, mit dem Dein Hund zu lernen vermag.

AUSBILDUNGSSTUFE ZWEI

Diese Erziehung beginnt erst, wenn beim Ruftest zu Hause der Hund aus 10 Übungen 10 Punkte erzielt. Jetzt begibst Du Dich mit dem Hund in ein vollständig eingezäuntes und sicheres Freigelände, ohne Ablenkungen, überzeugst Dich aber zunächst, daß Hunde hier erlaubt sind. Dann wird sicherheitshalber an das Hundehalsband eine lange Schnur gebunden, danach die Leine abgenommen. Laß Deinen Hund umherlaufen, kommt er auf einen Abstand nahe dem Schnurende, stellst Du den Fuß darauf, rufst ihn zu Dir. Keinesfalls darfst Du die Schnur festhalten oder irgendwann aufnehmen, sie ist nur angebracht, um zu verhindern, daß Dein Hund von Dir wegläuft, dabei einen zu großen Abstand hält. Die Schnurlänge ist abhängig davon, wieviel Abstand von Dir Du Deinem Hund einräumen möchtest.

Setze alle Hilfsmittel ein, um den Hund zu Dir zu rufen, ist er zurück, leine ihn an, ehe Du ihn lobst. Dann nimm die Leine wieder ab, wiederhole die Übung mehrfach. Wenn Du vor dem Nachhausegehen ihn letztmals zu Dir rufst, achte darauf, daß dies auf der Freifläche nicht immer an derselben Stelle ist, an der er angeleint und nach Hause geführt wird, so daß er nicht voraussehen kann, wann die Leine zum Nachhausegehen angelegt wird. Was Dein Hund nach ein paar Übungsstunden gelernt haben sollte ist, auf Anruf heranzukommen, seine Belohnung entgegenzunehmen und dabei angeleint zu werden. Dabei versteht er auch, daß Anleinen in keiner Weise seine Freiheit einschränkt.

Bist Du mit seinen Reaktionen zufrieden, kannst Du Ablenkungen einbauen, ganz ähnlich wie zu Hause, bis Du genügend Vertrauen hast, um die Leine abnehmen zu können. Voraussetzung ist, daß Du völlige Kontrolle über Deinen Hund hast. Jetzt läßt sich der Gehorsam Deines Hundes noch weiter verbessern, wenn man die Anzahl von Belohnungen, die er nach jeder Aufgabe erhält, REDUZIERT. Auf diese Art ist er dann immer neugierig darauf, ob er auf seine Reaktion von Dir die erwartete Belohnung bekommt.

KAPITEL 7

AN DER LEINE UND OHNE LEINE

Für einen Hundeausbilder gibt es keinen schlimmeren Anblick als einen Hundebesitzer, der von seinem Hund auf der Straße hinter sich her gezerrt wird. Dies ist nicht nur für Besitzer wie Hund unbequem, sondern vor allem total unnötig. Wenn ein Hund an der Leine zieht, kommt er völlig aus der Balance, ja er kann sich überhaupt nur durch den Druck aufrecht halten, den der Hundebesitzer an der Leine in der entgegengesetzten Richtung ausübt. Weil der Hund sich unausgewogen bewegt, muß der Besitzer zur Kompensation seine Körperhaltung ändern, wird gleichfalls in seiner Bewegung unausgewogen. Dies bedeutet - beide ermüden schnell. Hinzu kommt die klare Gefahr, daß der Hund seinen Besitzer umwerfen könnte, insbesondere wenn der Boden naß oder glatt ist.

Der Grund, weshalb die meisten Hunde an der Leine ziehen, ist einfach der, daß sie ungern an der Seite ihres Besitzers gehen. Dies geschieht in der Regel deshalb, weil es für den Hund keinen Anreiz gibt, korrekt zu gehen, aber viel Versuchung, vorwärts zu ziehen. Stelle Dir beispielsweise einen Spaziergang zum örtlichen Park vor. Der Hund wird aufgeregt, zieht seinem Ziel entgegen, weil er bei der Ankunft als Belohnung freien Auslauf erwartet. Nach dem Auslauf geht er auf dem Heimweg viel ruhiger, zieht meistens überhaupt nicht, weil es wenig Anreiz dazu gibt.

Gleich warum, das Problem liegt immer darin, sobald ein Hund vor seinen Besitzer gerät, übt dieser über die Leine bei dem Versuch, den Hund neben sich zu halten, Druck aus. Sobald dies passiert, muß der Hund genau ebenso viel Zug auf die Leine ausüben, um dem vom Besitzer ausgeübten Druck entgegenzuwirken. Wenn der Hund in die Stellung bei Fuß zurückgezogen wird, wendet der Besitzer noch mehr Zug auf die Leine an - und der Hund versucht, durch Vorwärtszerren dem wieder entgegenzuwirken. Um vorwärts zu ziehen, muß er seinen Kopf senken, seinen Hals dehnen, gleichzeitig verschiebt er den Schwerpunkt seines Körpers nach unten, indem er die Vorderläufe durchbiegt und breiter stellt. Hat es der Besitzer geschafft, den Hund wieder an seine Seite zurückzuziehen, mäßigt sich der Leinendruck. Dadurch gerät der Hund, dessen Schwerpunkt so weit nach vorne verlagert ist, aus der Balance. Die einzige Chance, nicht umzufallen, wieder die Balance zu gewinnen, ist das erneute Vorwärtsziehen. Dies wiederum veranlaßt den Besitzer, die Leine an-zuziehen, der ganze Prozeß beginnt wieder von neuem. Um alles nur noch schlimmer zu machen, beginnen einige Hundebesitzer jetzt, das Kommando »Fuß« einzusetzen, was der Hund als »Gib acht, ich werde versuchen, Dich abzuwürgen!« interpretiert.

Die drei Grundtechniken sind abhängig davon, ob man einen Junghund erzieht oder einen älteren Hund, der schon gelernt hat, an der Leine zu ziehen, korrigieren muß. Von Fall zu Fall wird man entscheiden, welches für den eigenen Hund die bessere Methode ist.

METHODE EINS

Diese ist Bestandteil der Grunderziehung aller jungen Hunde, man kann damit beginnen, sobald der Hund im Haus an das Halsband gewöhnt ist, der erste Ausflug ansteht. Man setzt den Hund ins Auto, fährt mit ihm ein kurzes Stück von Zuhause weg. Hundert Meter sind zum Anfang eine gute Entfernung. Jetzt geht man mit dem Hund auf den Gehsteig und beginnt mit dem Nachhauseweg. Hängt der Hund hinten nach, sollte man versuchen, ihn mit einer Belohnung vorwärtszubringen. Unbedingt muß man der Versuchung widerstehen, den Hund hinter sich her zu ziehen. Dies würde ihn nur veranlassen, gegen den Zug anzukämpfen, der von der Leine ausgeübt wird. Er würde nach hinten von Dir wegziehen. Steht er neben Dir, nutze Deine Stimme und Hände, und lobe und belohne ihn laufend. Eilt der Hund voraus, ziehe ihn nie zurück, mache vielmehr einen schnellen Schritt vorwärts, bringe nach vorn gerichteten Zug auf die Leine, ziehe ihn also

nach vorn. Die sofortige Reaktion Deines Hundes wird sein, entgegen dem Leinenzug nach hinten zu ziehen, in die richtige Position an Deiner Seite zurückzukehren.

Achte darauf, ihn tüchtig zu loben, wenn er jetzt korrekt geht. Wann immer Dein Hund an der Leine zieht, solltest Du in der Richtung, in welche der Hund zieht, gleichfalls fest ziehen. Niemals in die entgegengesetzte Richtung, denn dies ermuntert den Hund nur zum stärkeren Ziehen, um Dir Widerstand zu leisten. Diese Technik kann man natürlich

nur bei Welpen und jungen Hunden anwenden, für einen verdorbenen Leinenzieher braucht man andere Methoden. Hat der Hund erst einmal kapiert, was man von ihm verlangt, kannst Du die Entfernung für den Nachhauseweg vergrößern. Bist Du sicher, daß Dein Hund ohne zu ziehen leicht neben Dir geht, kannst Du auch mit ihm zu Deinem Auto spazieren, das nah beim Haus geparkt ist. Klappt dies alles, solltest Du mit ihm angeleint zu dem Gelände gehen, auf dem er dann frei herumlaufen darf.

METHODE ZWEI (SCHNAPPENDE LEINE)

Diese Methode ist leicht zu verstehen, wenn Du Dir vorstellst, die Leine mit zwei Händen zu halten. In der Praxis läßt sich dasselbe auch mit einer Hand durchführen. Der Hund läuft links von Dir, die Leinenschlaufe hältst Du in der rechten Hand. Die linke Hand liegt so an der Leine, daß der Hund nur etwa 60 cm Bewegungsspielraum in jeder Richtung hat. Jetzt gehst Du vorwärts, wartest darauf, bis der Hund über die Leine auf Deine linke Hand ein wenig Zug ausübt. Sobald Du diesen Zug spürst, bleibst Du stehen, läßt die Leine mit der linken Hand los, gibst mit der rechten einen scharfen Ruck. Steht der Hund dann wieder ordentlich neben Dir, lobst Du ihn tüchtig, ehe Du den Spaziergang fortsetzt. Wenn notwendig, wiederholst Du das gleiche, immer wenn er nicht brav an der linken Seite geht. Der ganze Vorgang, vom ersten leichten Leinenzug bis zum Augenblick, wenn Du den Hund in richtiger Stellung lobst, dauert kaum zwei Sekunden.

Für Deinen Hund entsteht der Eindruck, daß die Leine jedesmal, wenn er zieht, reißt. Dabei gerät er etwas außer Balance, zieht nach vorn und prallt gegen eine unsichtbare Wand. Wichtig ist dabei natürlich, ihm keinesfalls zu schaden, ihm Unangenehmes zuzufügen. Er soll nur lernen, daß die Leine nichts ist, gegen das man sich anlehnen kann.

METHODE DREI
(DIE RUNDUMDREHUNG)

Diese Methode zielt auf Ausübung von Druck über die Leine in der Richtung, in der der Hund zieht, damit wird jedes Vorwärtsgehen gestoppt; gleichzeitig gerät der Hund in eine Stellung hinter dem Führer. Dies ist in den Fällen eine besonders nützliche Technik, bei denen der Hund beim Spaziergang vom Hause weg besonders stark zieht, heimwärts verhältnismäßig brav läuft.

Man hält die Leine in einer Hand, läßt zwischen sich und dem Hund viel Leine. Der Hund geht links, man bewegt sich in gerader Linie vorwärts. Sobald der Hund vor den Führer gerät und auch nur den leichtesten Zug auf die Leine überträgt, dreht man sich schnell um die eigene Achse und zieht die Leine an. Dabei sieht sich der Hund direkt hinter den Führer gestellt. Der Hund versucht, wieder näher heranzukommen, zu Dir aufzuschließen. Jetzt wird der Leinenzug verstärkt. Da Du den Hund jetzt vorwärts ziehst, versucht der Hund, gegen den Zug Widerstand zu leisten, rückwärts zu ziehen. Genau das ist es, was Du ihm beizubringen versuchst. Beim Einsatz dieser Methode solltest Du sehr geduldig und ausdauernd

sein. Zunächst wirst Du meist feststellen, daß Du nur wenig Erfolg hast. Sobald Dein Hund zu verstehen beginnt, was man von ihm will, mußt Du darauf achten, die Belohnungen immer dann einzusetzen, wenn er so läuft, wie Du es von ihm erwartest. Leckerbissen zur richtigen Zeit werden den Lernprozess beschleunigen.

Bist Du nun zufrieden, daß Dein Hund an der Leine ohne zu ziehen neben Dir geht, kannst Du, immer wenn Du Dich in Bewegung setzt, ein Kommando einführen, zum Beispiel »Fuß«.

Ehe Du nun diese Übung unangeleint versuchst (auf einem ruhigen Spaziergang, ohne Verkehr und andere Tiere), ist es immer wichtig, die Leine über die Schulter zu hängen, so daß Du, soweit notwendig, immer noch Kontrolle über Deinen Hund hast, aber trotzdem Deine Hände frei schwingen. Ganz wichtig, gleich wie gut Dein Hund ausgebildet ist, nie solltest Du ihn ohne Leine neben Dir laufen lassen, solange Du Dich in der Nähe einer Verkehrsstraße befindest. Das ist nicht nur gefährlich, sondern in vielen Fällen auch polizeilich verboten.

Neben den in diesem Kapitel aufgeführten Techniken und Übungen zur Erziehung des Hundes bei Fuß solltest Du auch noch einmal die Grundübungen in Kapitel 5 wiederholen. Diese zielen darauf, die natürliche Balance und Selbstkontrolle Deines Hundes zu stärken, ein ganz wichtiges Element auch für das Folgen mit oder ohne Leine.

KAPITEL 8

SITZ, PLATZ, STEH UND BLEIB

Dem Hund das Kommando »Bleib« beizubringen, beansprucht voll Deine Beobachtungsgabe. Je genauer Du beobachtest, um so leichter fällt es Dir, Deinen Hund in einer bestimmten Körperstellung zum Bleiben zu veranlassen, bis Du ihm erlaubst, sich wieder frei zu bewegen. Die erste Schwierigkeit besteht natürlich darin, den Hund in die gewünschte Stellung zu bringen - die zweite ihn zu lehren, in der Position auf der Stelle zu verharren.

DIE DREI GRUNDPOSITIONEN

Sitz

Als erstes wird die Leine am Hundehalsband befestigt. Bei einem besonders kleinen Hund ist es in diesem Stadium zuweilen leichter, ihn auf eine angehobene Plattform oder einen Tisch zu heben. Der Hund steht links vom Führer, seine Aufmerksamkeit wird auf die Belohnung konzentriert, die Du in Deiner rechten Hand hältst. Es folgt der Name des Hundes, das Kommando »Sitz«, gleichzeitig hebt sich die rechte Hand (in der die Belohnung liegt), so daß sie gerade über und geringfügig hinter dem Hundekopf ist. Möglicherweise mußt Du anfänglich dem Hund in die gewünschte Stellung helfen, entweder indem Du mit der Handfläche den Körper leicht nach unten drückst oder alternativ mit Deinem Arm seine Hinterläufe berührst, um sie in die gewünschte Sitzposition zu »bringen«. Sobald der Hund in der richtigen Stellung sitzt, sofort belohnen. Achte darauf, daß er sich nicht aus dieser Stellung bewegt. Nach der Belohnung werden nach einigen Sekunden alle weiteren Ermunterungen gestoppt, gibt man dem Hund seine Freiheit - immer mit einem befreienden Kommando wie »Lauf« oder »Los«. Diese Übung wird mehrfach wiederholt. Du mußt aber darauf achten, seine Konzentrationszeit, die sich zu dieser Zeit noch auf wenige Minuten beschränkt, nicht zu überschreiten. Wenn er alleine auf Kommando die Stellung einnimmt, ohne daß

weitere Körperberührung notwendig ist, erfolgt der nächste Schritt, daß er sich aus der Position Platz in die Position Sitz bewegt. Dazu muß man ihn natürlich erst die Stellung Platz lehren.

Platz

Man beginnt mit dem Hund zur linken Seite, diesmal aus der Position Sitz, die er gerade gelernt hat. Jetzt führt man die rechte Hand mit einer Belohnung gerade vor die Nase des Hundes. Dann senkt man diese Hand auf den Boden zwischen die Hundeläufe ab, ermuntert den Hund, der Hand mit der Nase zu folgen. Ist die Nase nahezu am Boden, zieht man die Hand einfach nach vorne, spricht den Namen des Hundes, begleitet von dem gewählten Kommando »Platz«, »Down« oder »Leg Dich«. Dabei kann es notwendig sein, die linke Hand auf die Schultern des Hundes zu legen, so daß man ihn sanft nach unten drückt, ihm in die gewünschte Stellung hilft. Sobald er in der Stellung »Platz« liegt, bekommt er seine Belohnung. Denke immer daran, ihn über einige Sekunden in dieser Stellung zu halten, während Du ihn tüchtig lobst, danach befreit

ihn wieder das Kommando »Los«. Genau wie bei der Übung Sitz wird dieses Training solange fortgesetzt, bis sich der Hund ohne Berührung bereitwillig in die richtige Position Platz begibt.

Danach kann man die Ausbildung fortsetzen, ihn lehren, sich aus der Position »Steh« direkt niederzulegen. Zunächst muß man ihm aber die Position »Steh« beibringen.

Steh

Die einfachste Art, den Hund in die Position Steh zu bringen, ist durch Vorwärtsgehen aus der Position Sitz. Man beginnt mit dem angeleinten Hund in Position Sitz links vom Führer, hält ihm mit der rechten Hand auf Nasenebene eine Belohnung vor. Die Belohnung bewegt sich nun vorwärts, man ermuntert den Hund nachzufolgen, hilft ihm in die Position Steh, indem man ihn gleichzeitig sanft mit der Leine nach vorne zieht, begleitet von dem Kommando »Steh!«. Sobald sich der Hund in der Position Steh befindet, sollte man die linke Hand an seinem hinteren Innenschenkel plazieren, damit sicherstellen, daß er während der Belohnung in seiner neuen Position bleibt. Nach mehreren Sekunden des Lobens erlaubt man ihm, mit dem Kommando »Los« sich wieder frei zu bewegen.

Alle drei Kommandos werden in der obigen Reihenfolge geübt, bis sich der Hund völlig vertraut zeigt, ohne zusätzliche Hilfe seine Stellung einnimmt. Dann kann man beginnen, ihn aus jeder Einzelstellung in eine andere zu bringen.

Beherrscht Dein Hund das Sitz aus dem Stand, kannst Du ihn auch das Sitzen aus der Position Platz lehren; dabei beginnst Du mit der Stellung Platz, hältst hinter seinem Kopf eine Belohnung über ihn und gibst das Kommando »Sitz!«. Manchmal hilft dabei eine leichte Berührung der Hundepfoten von vorn, entweder seitlich mit dem Fuß oder mit der Hand. Immer freundlich loben, sowie der Hund versucht, sich in die Position Sitz zu bewegen. Um den Hund aus der Stellung Steh das Platz zu lehren, beginne einfach mit

dem Hund in der Stellung Steh, bewegt den Leckerbissen schnell Richtung Boden zwischen die Vorderläufe, hilft ihm dabei durch sanften Zug rückwärts mit der Leine. Sobald er die gewünschte Position einnimmt, tüchtig loben. Um das Stehen aus der Position Platz zu lehren verwendet man die gleiche Technik wie vom Stehen zum Sitzen.

Mit einiger Übung sollte man bald soweit sein, daß sich der Hund bereitwillig mit einem Minimum an Hilfe von einer Stellung in die andere bewegt - und das immer freudig. Erst danach kann man beginnen, alle Einzelübungen mit dem Kommando »Bleib« zu verbinden.

BLEIB

Zu Beginn wird der Hund angeleint, dadurch hat man völlige Kontrolle über ihn. Mit dem Kommando wird er in die gewünschte Stellung gebracht, danach stellt sich der Führer direkt vor den Hund. Ob Du bei dieser Bewegung das Kommando »Bleib« benutzt oder nicht ist unwichtig. Denn Du hast Deinem Hund bereits beigebracht, bis zum Kommando »Los« in seiner Stellung zu bleiben. Trotzdem entscheiden sich die meisten Ausbilder bereits hier für das Kommando »Bleib«. Jetzt mußt Du Deinen Hund sorgfältig beobachten. Sprich mit ihm, lobe ihn mit sanfter Stimme über die gesamte Zeit, die er in der Position verharrt. Denke daran - lächeln! Alleine durch den Ton Deiner Stimme und durch Deinen Gesichtsausdruck kannst Du den Hund aufmerksam konzentriert in dieser Stellung halten. Zuviel Erregung in Deiner Stimme - und er wird aufstehen, auf Dich zulaufen. Zu wenig Erregung - und er verliert an Aufmerksamkeit und Konzentration. Wenn sich Dein Hund bewegt, mußt Du schnell Tonlage Deiner Stimme wie auch Gesichtsausdruck verändern. Achte besonders darauf, was er unmittelbar tut, ehe er sich bewegt. Plaziere ihn schnell genau am selben Platz und wiederhole die Übung! Jetzt achte aber sorgfältig auf Warnsignale, die anzeigen, daß er sich bewegen möchte, korrigiere ihn einfach mit der Stimme, ehe er sich bewegt. Solange er in korrekter Stellung bleibt, solltest Du laufend mit dem Hund sprechen, freundlich lächeln. Anfangs bleibt der Hund nur über einige Sekunden in der Stellung »Bleib«, dann kehrst Du zu ihm zurück, stellst Dich neben ihn, lobst ihn tüchtig, ehe er das Kommando »Los« erhält. Niemals solltest Du diese Übung damit abschließen, daß Du den Hund zu Dir rufst, denn dies ermuntert ihn nur, sich zu bewegen, anstatt bis zu Deiner Rückkehr zu bleiben, gefährdet den ganzen Zweck der Übung.

Wenn Dein Hund zu verstehen beginnt, was man von ihm erwartet, kannst Du nach und nach die Zeit verlängern, die er an seiner Stelle bleiben muß, mit Leichtigkeit zunächst auf etwa zwei Minuten. Du kannst nun im weiteren Fortgang den Abstand vergrößern. Anfangs läßt Du dabei die Leine auf dem Boden liegen, nimmst sie später völlig ab. Achte sorgfältig darauf, daß diese Übung immer mit Deiner Rückkehr zum Hund endet, niemals mit dem Rufen des Hundes zu Dir! Manchmal ist es eine Hilfe, die Stelle zu markieren, an welcher der Hund plaziert wird, zum Beispiel mit einem Stück Klebeband oder der Leine, die man einfach

direkt vor den Hund legt. Hast Du den Einsatz von Stimme und Mimik richtig gelernt, kannst Du Deinem Hund sehr schnell beibringen, keinesfalls über die vor ihn gelegte Markierung zu gehen. Wenn Dein Hund diese Übungen mehr und mehr versteht, kann man Ablenkungen in das Training einbeziehen, danach die Ausbildung auch ins Freigelände verlagern. Aus Sicherheitsgründen sollten die anfänglichen Bleib-Übungen zunächst angeleint erfolgen. Achte auch immer darauf, daß Dein Hund angeleint, und die Leine an der Halterung gut gesichert ist, wenn Du ihn alleine vor einem Geschäft oder in Verkehrsnähe in der Position »Bleib« zurückläßt.

KAPITEL 9

ERZIEHUNG FÜR FORTGESCHRITTENE

Beherrschen Dein Hund und Du erst einmal alle Grundübungen, eröffnet sich für beide ein völlig neues Ausbildungsgebiet. Natürlich gibt es zahlreiche spezialisierte Ausbildungsklassen und -gruppen, in denen Ihr Beide Eure Fähigkeiten erweitern könnt. Dies geht von Wettbewerben in Unterordnung, bei denen es auf sehr genaue Arbeit ankommt bis zu großen Arbeitsprüfungen, die bis zu drei Tagen dauern können, im allgemeinen aber nur ein- oder zweitätig ausgeschrieben sind. Es gibt Wettbewerbe, die viel Freude machen, etwa Agility - vergleichbar einem Schauspringen von Pferden - und Flyball, ein neuer Sport, bei dem teamweise Hunde über niedrige Hindernisse springen, einen Ball aus einer eigens entwickelten Box heraus katapultieren und apportieren. Wo immer Du die Ausbildung fortsetzt, die Prinzipien, die Du bei der Grunderziehung angewandt hast, bleiben unverändert. Die Art, in der Hunde lernen, wird durch wenige einfache Regeln beherrscht, diese hast Du alle bereits bei der Grundausbildung angewandt.

REGEL 1

Wird ein Verhalten belohnt, tritt es immer häufiger auf.

Dies bedeutet, daß Dein Hund beispielsweise auf das Kommando Sitz gehorchte, dann sofort eine Belohnung erhielt. Nach einer Anzahl von Wiederholungen verbindet er das Kommando »Sitz« mit dem Sich Setzen, um seine Belohnung zu erhalten.

REGEL 2

Wird eine Handlung nicht belohnt, nimmt sie in der Regel in ihrer Häufigkeit ab.

Erinnerst Du Dich an die Übungen zum Herankommen? Wenn sich Dein Hund in die Position »Erstarren« versetzte, bereit für ein Verfolgungsspiel, mußtest Du mit seinem Halsband eine Schnur verbinden. Dadurch konntest Du den Hund kontrollieren, unterbinden, daß er die geforderte Übung in sein eigenes Nachlaufspiel umwandelte. Da er jetzt die erwartete Belohnung des Nachlaufens nicht erhielt, wurde dieses Verhalten immer weniger häufig.

REGEL 3

Erzielt ein Verhalten eine negative Reaktion, vermindert sich seine Häufigkeit sehr schnell.

Als Du von Deinem Hund »Bleib« verlangtest, gebrauchtest Du über die gesamte Zeit, die Dein Hund in der gewünschten Stellung verharrte, Deine ihm angenehme Stimme. Hattest Du den Eindruck, er wollte sich bewegen, veränderte sich Deine Mimik und Deine Stimmlage, das signalisierte dem Hund, daß seine angedeutete Bewegung nicht erwünscht ist. In der Regel unterband dies schnell jedes Bewegen, besonders deshalb, weil er für sein erwünschtes Verhalten entsprechend belohnt wurde.

REGEL 4

Wenn ein Verhalten vom Hund voll erlernt ist, dann unverändert weiter belohnt wird, steigert sich dieses Verhalten geradezu drastisch.

Aus diesem Grund sollte man die Häufigkeit von Belohnungen mindern. Voraussetzung ist, der Hund hat die Übung perfekt erlernt und die Belohnung bei Herankommen

Ich lasse ihn raten für welches Kommen er eine Belohnung kriegt…

…und ich lasse ihn raten, wann ich komme

Wie sieht dies aber aus, wenn Du von Deinem Hund eine kompliziertere Aufgabe verlangst, die von seiner Seite mehr als eine Handlung erfordert? Das Erste ist, die Übung in kleine Segmente aufzuteilen, jeder einzelne Bestandteil wird dem Hund separat beigebracht. Ordne diese Segmente in ihrer logischen Reihenfolge und schreibe sie auf. Jetzt mußt Du die Aufgabe »Rückwärtsverknüpfung« verstehen lernen.

RÜCKWÄRTSVERKNÜPFUNG

Dies bedeutet ganz einfach, daß wir mit der Ausbildung des Hundes beim letzten Segment der Übung beginnen, so daß er für das Abschließen seine Belohnung erhält. Hat der Hund das letzte Segment erlernt, lehren wir ihn das vorletzte Segment. Danach wieder das vorangehende und so weiter, bis der Hund die ganze Aufgabe versteht. In der Theorie klingt dies sehr kompliziert, es läßt sich in der Praxis viel leichter erklären.

Ich habe eine schwierige Übung ausgewählt, daran können wir die verschie-

verstanden. Du erinnerst Dich, mein Vorschlag war, »Du solltest Deinen Hund im Unklaren lassen, bei welchem Heran-kommen er seine erwünschte Belohnung tatsächlich erhält.« Wenn Du diese Regel gründlich durchdenkst, verstehst Du auch, daß auf diese Art Menschen das Glücksspiel gelernt haben. Dies erklärt auch, warum Spielen für manche geradezu zur Besessenheit werden kann!

Deine ganze Erziehung konzentrierte sich bisher darauf, Deinen Hund zu veranlassen, auf ein einfaches Kommando mit einer einzelnen Handlung zu reagieren.

denen Stufen des Lernvorgangs erläutern. Die Aufgabe besteht darin, den Hund den Geruch eines Taschentuchs aufnehmen zu lassen, ihn dann in ein kleines Gebiet mit dichtem Baumbestand zu schicken, wo er die Person finden muß, der das Taschentuch gehört. Hat er die Person gefunden, muß er sich neben sie setzen, bellen, anzeigen, daß er sie aufgespürt hat.

Zerlegt man diese Aufgabe in kleine Segmente, ergibt sich daraus:

1) Ausbildung des Hundes auf den Geruch eines Taschentuchs.
2) Ausbildung, ein dicht bewachsenes Waldstück zu erforschen.
3) Ausbildung, jedermann zu ignorieren, dem das Taschentuch nicht gehört.
4) Ausbildung, die Person zu finden, der das Taschentuch gehört.

5) Ausbildung, sich neben die aufgespürte Person zu setzen.
6) Ausbildung, neben der aufgespürten Person zu sitzen und zu bellen.

Jetzt haben wir sechs Segmente, alle lassen sich verhältnismäßig leicht lehren. Beginnen wir mit dem letzten Segment (6), hat der Hund diesen Teil begriffen, gehen wir weiter auf (5) und so fort. Probiere es einmal aus, Du wirst erstaunt sein, wie schnell Dein Hund lernen kann.

Zunächst brauchst Du einen Freund, der eine Belohnung - Futter oder Spielzeug - direkt Deinem Hund vorhält. Bringe Deinen Hund angeleint in die Stellung Sitz, veranlasse Deinen Freund zu sprechen, Deinen Hund zu animieren, bis er irgendein Geräusch macht. Im gleichen Augenblick, da das Geräusch des Hundes hörbar wird, muß

Dein Freund ihn sofort belohnen. Nach mehreren Wiederholungen wird der Hund nur belohnt, wenn er wirklich bellt, alle anderen Geräusche werden nun ignoriert. Hat Dein Hund verstanden, daß ihm die Handlung »Sitzen und Bellen« die erwünschte Belohnung bringt, kannst Du das Kommando »Such« einführen, genau ehe Dein Freund beginnt, ihn zu animieren.

Jetzt mußt Du Deinen Hund auf kurze Distanz von Deinem Freund festhalten. Mit dem Kommando »Such!« wird er freigelassen, kommt er zu Deinem Freund, sollte dieser das Kommando »Sitz« geben. Setzt sich der Hund und beginnt nach etwas Ermunterung zu bellen, bekommt er die Belohnung aus der Hand Deines Freundes. Dieses Training wird so lange fortgesetzt, bis der Hund ohne irgendwelche andere Unterstützung von sich aus zur Person läuft, sich setzt und bellt.

Jetzt kannst Du Deinen Hund lehren, an einem Deinem Freund gehörenden Taschentuch zu schnüffeln, ehe Du ihn über eine kurze Entfernung zum Bellen schickst. Jedesmal wird der Abstand etwas vergrößert.

Die nächste Aufgabe erfordert zwei Menschen, die einige Schritte auseinanderstehen. Laß Deinen Hund am Taschentuch schnüffeln, das einem von ihnen gehört. Schicke ihn dann los, Kommando »Such«, er soll zu Deinen zwei Assistenten laufen. Bellt er beim falschen, wird er einfach ignoriert (Verhalten, das nicht belohnt wird, nimmt in der Häufigkeit ab). Entscheidet er sich, beim korrekten Assistenten zu sitzen und zu bellen, erhält er sofort seine Belohnung (Verhalten, das belohnt wird, steigert sich in seiner Häufigkeit).

Hat Dein Hund gelernt, immer die richtige Person herauszusuchen, solltest Du Deine Assistenten im Randbereich eines Waldgeländes plazieren. Halte guten Abstand, bitte Deinen Assistenten, die Aufmerksamkeit des Hundes zu wecken. Er muß dann in den Wald laufen, sich gerade außer Sicht des Hundes hinter den ersten Baum stellen, zu dem er kommt. Schicke Deinen Hund mit dem Kommando »Such« nach. Wenn Dein Hund in den Wald kommt, sollte er wenig Schwierigkeiten haben, Deinen Assistenten zu finden und zu verbellen.

Die letzte Stufe besteht in der Plazierung von zwei Menschen im Wald, mit beiden sollte der Hund bereits vertraut sein. Einer von ihnen hat eine Belohnung für den Hund, dieser muß auch sein Taschentuch beim Hundeführer zurücklassen. Laß Deinen Hund nun daran schnuppern, schicke ihn in den Wald, Kommando »Such«. Inzwischen wird der Hund verstehen, daß es seine Aufgabe ist, den Wald zu durchsuchen, bis er den Menschen mit dem gleichen Geruch wie das Taschentuch findet. Hat er diese Person gefunden, wird er sich sofort erinnern, daß von ihm erwartet wird, sich an seine Seite zu setzen und zu bellen, denn für die Erfüllung dieser Aufgabe erhält er die Belohnung, die er kennt.

Denke immer daran, einem Hund solche Übungen beizubringen wäre völlig unmöglich, wenn man nicht zunächst eine richtige Grundausbildung mit unseren den Hund kontrollierenden Übungen durchgeführt hat. Je mehr Kontrolle man über den Hund besitzt, um so leichter fällt es, auch schwierige Aufgaben zu trainieren.

Wie lange braucht man wohl, um einen Hund diese Übung zu lehren? Ein Hund mit guter Auffassungsgabe und ein verständiger Ausbilder brauchen ungefähr fünf zehn-minütige Einzelübungen, die am besten über einen Zeitraum von zwei Tagen verteilt werden! Danach sollte Dein Hund auch solche komplizierten Aufgaben ohne Schwierigkeiten meistern.

KAPITEL 10

SPIELE UND PARTYTRICKS

Es ist überraschend, wie viele Hunde man trifft, die unterwegs mit ihrem Herrn recht wenig Unterordnung zeigen, die aber dennoch ein außerordentlich erstaunliches Repertoire an Partytricks beherrschen. Ich erinnere mich einer jungen Lady, die bei einer Clubprüfung ihren Hund vorstellte. Der Hund benahm sich wirklich schlecht, und sie beklagte sich, daß es ihr unmöglich sei, seine Aufmerksamkeit auf sich zu fixieren. Sie beschrieb ihren Hund als leicht ablenkbar, eigenwillig und ungehorsam. Nach der Prüfung wurden die Hundebesitzer gebeten, irgendeinen Partytrick vorzuführen, den ihre Hunde beherrschten. Die junge Dame, die im Test selbst so viele Probleme hatte, gewann den Wettbewerb Partytricks mit Abstand, sie zeigte eine der erstaunlichsten Vorführungen, die ich je gesehen habe. Auf Kommando rollte sich der Hund auf den Rücken, gab zunächst eine Pfote, dann die andere, und anschließend beide Pfoten. Wenn sie auf ihn zielte und »Päng!« sagte, lag er »tot« auf dem Rücken. Sie forderte ihn auf, verschiedene Zahlen zu addieren, und er bellte die korrekte Antwort. Er ging rückwärts, setzte sich auf die Keulen und bettelte, er lief Hundekuchen nach und apportierte sie, ohne sie aufzufressen. Als ich anschließend mit der Dame sprach, meinte sie, ihr Hund habe immer so viel Spaß an Partytricks und konzentriere sich perfekt, weil er für Belohnungen praktisch alles zu tun bereit war. Es ist einfach seltsam, wie viele Menschen beim Einüben von Partytricks Belohnungen einsetzen, aber in der Hundeausbildung bei den Grundübungen dann diese Belohnungen vergessen, dafür Zwang einzusetzen versuchen.

Wenn Du mit der Erziehung für einen Partytrick beginnst, wirst Du im allgemeinen entspannter sein, weil Du den Erfolg als weniger wichtig ansiehst. Dies wiederum bedeutet, daß Dein Hund entspannter und lernfähiger ist. Du selbst siehst alles mehr als Spiel, weniger als formelle Aufgabe, deshalb wird Dein Hund an den Ausbildungsstunden viel mehr Freude haben. Stellst Du fest, daß Dein Hund Partytricks schneller und leichter erlernt als formelle Unterordnungsübungen,

solltest Du Deine Ausbildung und Deine Methoden kritisch überdenken.

Nachstehende Vorschläge sollen Anregung bieten, die Fähigkeiten Deines Hundes in vollem Umfang zu entwickeln. Sie sind gleichzeitig Prüfstein Deiner Geschicklichkeit als Ausbilder, beantworten die Frage, wer seinen Hund wirklich versteht.

LÄUTEN VON GLOCKEN

Lehre Deinen Hund, eine Glocke zu läuten, wenn er zum sich Lösen in den Garten laufen will, oder um Dich wissen zu lassen, daß er ins Haus zurück möchte. Es kann eine mechanische Glocke sein, die, bei Ziehen mit den Zähnen an einer Schnur, läutet, aber auch eine batteriebetriebene, bei der der Hund mit der Pfote auf einen Klingelknopf drücken muß.

AUFFINDEN DER »DAME«

Ein einfacher Kartentrick, der den Geruchssinn Deines Hundes fordert. Lege drei Karten mit dem Gesicht nach unten auf den Boden, eine davon ist die Herzdame (es hilft beträchtlich, wenn diese zufällig auch nach Leber riecht!). Sage Deinem Hund, er soll »die Herzdame suchen«, dabei muß er die richtige Karte heraussuchen und mit der Pfote anzeigen.

TÜREN SCHLIESSEN

Beim Betreten des Hauses gehst Du in ein Zimmer, läßt zwei Innentüren hinter Dir offen. Schicke Deinen Hund, die Türen zu schließen und zwar in der Reihenfolge, daß er am Schluß im gleichen Raum ist wie Du.

VERSTECKSPIEL

Bringe Deinem Hund bei, einen Mitbewohner zu finden, der zwei Minuten zuvor wegging, sich irgendwo im Haus versteckte. Alle Türen im Haus bleiben offen, es sei denn, Du hast Deinem Hund auch beigebracht, die Türen zu öffnen!

APPORTIERSPIEL

Lege fünf verschiedene Hundespielzeuge auf den Boden, Dein Hund muß hintereinander namentlich geforderte Gegenstände apportieren. Als zusätzliche Schwierigkeit kann man alle Teile in eine offene Kiste legen, und sich nacheinander namentlich bestimmte Spielsachen bringen lassen.

Und jetzt folgen drei Aufgaben, zum Testen des Geschicks von Hundebesitzer wie Hund.

ERKENNEN VON FARBEN

Entwickle für Deinen Hund einen Test, um herauszufinden, ob er nachstehende Farben zu sehen und zu unterscheiden vermag: gelb, rot, grün und braun.

ACHTERSPIEL

Stelle Dich auf eine Seite und lehre Deinen Hund, zwei etwa fünf Meter voneinander aufgestellte Sessel dreimal hintereinander in Form einer Acht zu umrunden.

Denke daran, wenn es Dir nicht gelingt, mit Deinem Hund einige dieser Aufgaben zu meistern, bedeutet dies keinesfalls das Ende der Welt. Hunde haben verschiedene Geschicklichkeiten, eine Aufgabe, die einem Hund leicht fällt, kann sich für einen anderen als außerordentlich schwer herausstellen.

DAS ENDE

Nachdem Du dieses Buch gelesen hast, solltest Du Deinem Hund beibringen, es in den Zeitungsständer oder auf den Büchertisch zu legen.

Natürlich - dies ist kein wirkliches Ende, denn Erziehung endet nie. Das Lernen ist ein fortlaufender Prozeß, der in dem Augenblick beginnt, wenn ein Hund geboren wird. Wir halten unsere Haushunde, weil sie unser Leben außerordentlich bereichern. Ein gut erzogener Hund macht Spaß, ein unerzogener wird leicht zur Last. Welchen Hund möchtest Du selbst besitzen, Dein Leben mit ihm teilen?

Ich hoffe, ich konnte Dir das Gefühl vermitteln, daß Hundeausbildung Spaß macht, sich für Hund und Führer auszahlt. Aber bitte, verlasse Dich nicht allein auf mein Wort, mache Dich daran, probiere es selbst aus! Es gibt glücklicherweise eine Vielfalt von moderner Literatur über die neue Art der freundlichen Hundeerziehung. Eine gute Bibliothek, insbesondere aber der KYNOS VERLAG, verfügen über eine Buchliste, die Dir genügend Lesestoff für Monate bietet.

Hast Du Interesse daran, mit Deinem Hund bei Wettbewerben anzutreten, solltest Du Dich mit dem Verband für das Deutsche Hundewesen e.V., Westfalendamm 174, 44141 Dortmund, Tel.: 0231/596096/97 in Verbindung setzen,. Von dort erhältst Du Namen und Adressen der mit Hundeausbildung vertrauten Spezialvereine und der Rassezuchtvereine. Möglicherweise kann Dir auch Dein Tierarzt mit geeigneten Adressen weiterhelfen.

Zur Stunde gibt es leider keine Mindestanforderungen für die Durchführung von Hundeausbildung, deshalb sind die einzelnen Vereine in ihrem Angebot auf recht unterschiedlichem Leistungsstandard. Die überwiegende Mehrzahl der Vereine bemühen sich darum, nach besten Kräften den Hundebesitzern dabei zu helfen, ihre Hunde so auszubilden, daß sie zu besten Freunden der Familie werden.